어린이 지식클립 시리즈는
초등학생들이 학교 공부를 토대로 세상을 알아 가는 데
필요한 다양한 배경지식을 재미있는 그림과 알찬 문장으로
소개하는 초등 교양 시리즈입니다.

어린이 지식클립 2

한국을 빛낸 역사 인물 123

류혜인 글 · 이경석 그림

BOOKS

머리말

꾸미와 큐티가 선사하는 웃음 가득한 역사 인물 여행
내가 닮고 싶은 인물을 찾아볼까?

　누군가 "사육신에 대해서 알고 있니?"라고 묻는다면 어떨까요? 아마 고개를 갸웃거리는 친구들이 많을 거예요. '사육신? 처음 듣는데…. 새로 나온 신발인가?' '이순신도 아니고, 알라신도 아니고, 사육신? 대체 뭘까?' 하면서 말이죠. 가끔은 손을 번쩍 들고 위인들의 이름을 척척 대는 친구들이 부럽기도 해요. 내가 아는 역사 인물은 세종 대왕과 이순신 장군뿐인데요. 〈**한국을 빛낸 역사 인물 123**〉은 바로 이런 친구들을 위해 지은 책이랍니다.

　역사 드라마에 등장하는 옛 인물들은 기다란 수염을 기르고, 옷차림도 비슷해 보여요. 하지만 한 사람 한 사람을 자세히 들여다보면 그 가운데에는 백성을 자기 가족만큼 소중히 여긴 재상도 있고, 전쟁터에서 나라를 위해 목숨을 바친 용감한 장수도 있어요. 새로운 생각으로 사람들의 생활을 편리하게 만든 인물도 있고, 세상을 한 단계 발전시킨 사상가도 있지요.

역사는 그렇게 각각의 사람들이 살아온 시간을 기록한 것이에요. 한 시대를 성실하게, 온 마음을 다해 살았던 사람들! 그 한 사람 한 사람의 삶이 쌓여 역사가 되고 오늘날 우리 삶의 뿌리가 되었지요.

〈한국을 빛낸 역사 인물 123〉은 어린이들이 꼭 알아야 할 역사 인물들을 골라 핵심 내용을 알기 쉽게 모아 엮은 책이에요. 유머가 가득한 그림을 통해 깔깔 웃으며 역사 인물들을 생생하게 만날 수 있지요. 이 책을 읽는 동안 여러분이 꾸미가 되어 역사 속 인물을 만나는 상상을 해 보세요. 여섯 개의 문 너머에는 우리 역사를 이끌어 간 인물들이 여러분을 기다리고 있어요.

또 하나 빼놓지 않아야 할 것이 있어요. **역사는 사람들이 살아온 시간의 기록이지만, 역사를 아는 것은 미래를 만나는 일이기도 해요.** 시대는 달라도 사람들이 소중하게 여겨 온 가치와 삶의 모습은 닮은 점이 많아요. 때문에 역사 인물들이 걸어 간 행적에서 오늘날 우리가 나아가야 할 방향을 찾을 수 있답니다. 이 책을 읽으면서 한번쯤 생각해 보세요. '내가 정도전이었다면 어떤 선택을 했을까?' '나도 김구처럼 의로운 삶을 살 수 있을까?' 역사를 일군 사람들의 삶과 노력을 읽으며 내가 닮고 싶은 인물을 찾는 일! 나의 미래를 상상하고 꿈꾸어 보는 일! 이 책이 여러분을 위해 숨겨 놓은 최고의 선물이랍니다.

2019년 9월 **류혜인**

차례

1장 왕의 문
"나라의 근본은 백성이니라!"
12

단군 왕검 · 박혁거세 · 주몽 · 온조 · 김수로왕 · 근초고왕
광개토 대왕 · 장수왕 · 진흥왕 · 선덕 여왕 · 무열왕 · 문무왕
의자왕 · 대조영 · 궁예 · 견훤 · 왕건 · 광종 · 공민왕 · 이성계
이방원 · 세종 대왕 · 세조 · 연산군 · 광해군 · 영조 · 정조
흥선 대원군 · 고종 · 명성 황후

단군 신화 이야기 · 선덕 여왕 이야기 · 마의 태자 이야기
양녕 대군 이야기 · 사도 세자 이야기

2장 전쟁의 문
"살고자 하는 자, 나를 따르라!"
44

을지문덕 · 연개소문 · 양만춘 · 이사부 · 안용복 · 장보고 · 계백
김유신 · 서희 · 강감찬 · 배중손 · 최영 · 이순신 · 권율 · 김시민
논개 · 임경업

살수 대첩 이야기 · 귀주 대첩 이야기 · 한산도 대첩 이야기
서산 대사 이야기

3장 변화의 문
"나라를 망하게 하는 것은
외침이 아니라, 부정부패이니라."
66

을파소 · 박제상 · 최치원 · 최충 · 묘청 · 김부식 · 최충헌 · 신돈
정몽주 · 정도전 · 맹사성 · 황희 · 성삼문 · 신숙주 · 이황 · 이이
박지원 · 정약용 · 최익현 · 김옥균

선죽교 이야기 · 청백리 이야기 · 사육신 이야기 · 오성과 한음 이야기

4장 예술의 문
"생생한 삶의 모습을
한 폭 그림으로 남기리라."
86

왕산악 · 우륵 · 윤선도 · 정철 · 김홍도 · 신윤복 · 김정희
한석봉 · 허균 · 김만중 · 허난설헌 · 신사임당 · 김소월
윤동주 · 한용운 · 이육사

백결 선생 이야기 · 김삿갓 이야기 · 한석봉 이야기
암울한 시대, 예술 이야기

5장 정의의 문
"목숨이 하나라는 게
내 유일한 슬픔이다."
106

박문수 · 김만덕 · 홍경래 · 전봉준 · 임꺽정 · 장길산 · 홍길동
이완용 · 민영환 · 안중근 · 나석주 · 이봉창 · 윤봉길 · 윤희순
남자현 · 김마리아 · 유관순 · 홍범도 · 김좌진 · 김구 · 안창호
신채호 · 장지연

동학 농민 운동 이야기

6장 재능의 문
"지금 자면 꿈을 꿀 수 있지만,
지금 공부하면 꿈을 이룰 수 있다."
128

김대성 · 왕인 · 담징 · 원효 · 의상 · 의천 · 지눌 · 문익점
최무선 · 장영실 · 허준 · 김정호 · 김대건 · 방정환 · 손기정
지석영 · 주시경

이차돈 이야기 · 원효 이야기 · 삼국유사 이야기

등장인물

안녕, 내 이름은 꾸미! 혹시 연예인 이름보다 역사 인물 이름 외우기가 더 재미있는 친구들 있니?

……
역시~. 아무도 없구나. 아니라도 좋아. 우리 삼촌이 만든 역사 인물 게임을 함께 할 사람은 누구든 환영이야!

꾸미

초등학교 3학년. 아이돌 광팬에서 역사 마니아로 변신 3년 차. 빵다탄소년단 오빠들이 왕자로 나오는 역사 드라마 '용의 콧물'을 보다 역사에 푹 빠져 버린 소녀. 별님 초등학교 역사 골든벨 우승을 위해 오늘도 열심히 역사 공부 중.

★ 주의 사항
가끔 한복 입고 학교에 가겠다고 떼를 쓰고, 사극 대사처럼 말을 해 주변 사람을 당황하게 만든다.

큐티
삼촌과 10년째 함께 사는 강아지. 삼촌이 만든 게임에 등장해 가이드 역할을 톡톡히 해낸다.

★ 주의 사항
삼촌이 사람처럼 대해서, 가끔 스스로 사람인 줄 착각할 때가 있다.

롱이 삼촌
허풍쟁이 프로그래머. 하지만 꾸미에게는 한없이 다정한 삼촌. 한때 허리까지 기른 머리 때문에 '롱이 삼촌'이라 불리며 꾸미의 이모로 소문난 적도 있었지만 지금은 머리를 잘라 '단이 삼촌'으로 불린다.

★ 주의 사항
아이디어가 생각 안 날 땐 머리를 벅벅 긁어 온 세상을 하얗게 만드는 비듬 대마왕.

끼얏호! 두구두구두구~

오늘은 롱이 삼촌이 무려 삼 년 동안 공들여 만든
역사 인물 VR(가상 현실) 게임 〈한국의 별〉을 최초로 선보이는 날이야.
단군 할아버지도 있을까? 세종 대왕은 당연히 있겠지?
역사책에 나온 위인들과 신나는 데이트가 시작된다고!

한국역사인물 VR

게임 규칙

① 여러분은 앞으로 여섯 개의 문을 통과하게 됩니다.

② 문을 열면 역사 인물들이 기다립니다.

 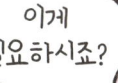

③ 필요한 아이템을 선택하면 별을 받습니다.

④ 각 관문의 마지막 퀴즈를 맞추면 다음 문을 열 수 있는 황금 열쇠를 받습니다. 자, 그럼 시작 버튼을 누르세요!

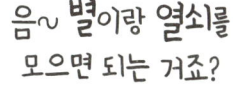 

2. 전쟁의 문

1. 왕의 문

3. 변화의 문

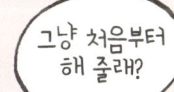

4. 예술의 문

5. 정의의 문

6. 재능의 문

왕의 문

"나라의 근본은 백성이니라!" 세종

01 단군 왕검 고조선 *?~?* 은 고조선을 세운 우리나라 최초의 왕이에요. 고조선은 기원전 2333년에 시작되어 한반도 북쪽과 만주 지역까지 세력을 떨쳤어요. 단군은 나라를 다스릴 때 '홍익인간(弘益人間)'을 소중한 가치로 삼았어요. 이는 '널리 인간을 이롭게 하겠다'는 뜻으로 백성들을 사랑하는 마음이 담겨 있답니다. 고조선은 청동기 문화를 바탕으로 법과 제도를 갖추며 2,000년이 넘도록 역사를 이어 나갔어요. 단군의 건국 이야기는 일연 스님이 쓴 〈삼국유사〉에 실려 전해지고 있지요.

단군 신화 이야기

마늘이랑 쑥 먹고 사람이 되었다고?

아주 먼 옛날, 하늘 나라를 다스리는 환인에게는 환웅이라는 아들이 있었어요. 환웅은 인간 세상에 관심이 많아 구름 사이로 하늘 아래 세상을 구경하며 지냈지요. 결국 환인은 아들 환웅이 땅으로 내려가는 걸 허락해 주었답니다. 환웅은 바람, 비, 구름을 다스리는 세 명의 신하와 3,000여 명의 무리를 이끌고 인간 세상으로 내려왔어요. 그러던 어느 날, 환웅에게 곰과 호랑이가 찾아왔어요.

"사람이 되려면 어떻게 해야 합니까?" 그러자 환웅이 말했지요.
"쑥과 마늘만 먹으며 백 일 동안 햇빛을 보지 않으면 사람이 될 수 있다. 할 수 있겠느냐?"
곰과 호랑이는 곧장 쑥과 마늘만 들고 동굴로 들어갔어요. 호랑이는 얼마 지나지 않아 동굴을 뛰쳐나갔어요. 하지만 곰은 잘 참고 견딘 끝에 사람이 되었답니다. 여자가 된 곰, 웅녀는 환웅과 결혼해 아들을 낳았는데, 이 사람이 바로 단군이에요. 단군 신화에서 환웅은 하늘을 숭배하는 부족을, 웅녀는 곰을 숭배하는 부족을 뜻한답니다. 이 신화를 토대로 우리는 두 부족이 결합해 고조선을 세웠음을 알 수 있지요.

알에서 태어난 왕은 누구일까?
박혁거세, 주몽, 온조, 김수로왕

02 박혁거세 신라 * 기원전 69~4 는 신라를 건국한 왕이에요. 먼 옛날, 여섯 명의 촌장이 오늘날의 경주 지역을 다스리고 있었어요. 하루는 **하늘에서 찬란한 빛이 내려와 따라가 보니 커다란 알이 하나 있었답니다.** 이 알에서 태어난 사람이 바로 박혁거세예요. 박혁거세는 여섯 마을을 아울러 신라를 세웠지요.

03 주몽 고구려 * 기원전 58~기원전 19 은 고구려를 세운 왕이에요. 하늘 신의 아들 해모수와 물의 신의 딸 유화 사이에서 태어났지요. 유화 부인은 커다란 알을 낳았는데, 그 알을 깨고 주몽이 태어났어요. **주몽은 '활을 잘 쏘는 사람'이라는 뜻이에요.** 부여에서 자라났지만, 압록강 근처로 내려와 새로운 나라 고구려를 세웠지요. '동명 성왕'이라고도 불린답니다.

04 온조 백제 * ?~28 는 주몽의 아들이에요. 왕위를 이어받지 못하자, 어머니 소서노와 형 비류와 함께 남쪽으로 내려와 **한강 유역에 나라를 세웠지요. 이 나라가 바로 백제랍니다.** 한강 유역은 땅이 기름져 농사가 잘되고, 바닷길을 개척하기에 좋았지요.

05 김수로왕 가야 * ?~199 은 가야 연맹을 이끌던 금관가야를 세웠어요. 어느 날, 9명의 촌장들이 **"거북아, 거북아, 머리를 내어라. 내지 않으면 구워 먹으리."** 하며 노래를 부르자, 하늘에서 금빛 상자가 내려왔어요. 그 안에 여섯 개의 알이 있었는데, 맨 처음 태어난 게 김수로왕이었대요.

한강을 차지하는 나라가 최고야!
근초고왕, 광개토 대왕, 장수왕, 진흥왕

06 근초고왕 백제*?~375 은 백제의 전성기를 이룬 왕이에요. 백제 영토를 전라도까지 넓히고, 고구려의 평양성을 공격하기도 했지요. 또한 **중국에서 한반도를 거쳐 일본으로 이어지는 바닷길을 개척해 국제 무역으로 나라를 부강하게 만들었어요.** 왕인과 아직기 같은 학자들을 통해 문화를 전파하며 일본이 발전하는 데 큰 도움을 주기도 했지요.

07 광개토 대왕 고구려*374~412 은 고구려의 영토를 크게 넓힌 왕이에요. 열여덟 살, 젊은 나이에 왕위에 오른 뒤로 남쪽으로는 백제를 공격하며 한강을 넘보고, 북쪽으로는 중국 땅을 공격하여 만주 벌판을 지배하며 고구려를 거대한 나라로 만들었답니다. **광개토 대왕의 업적을 새긴 광개토 대왕릉비는 오늘날 중국 지린성에 우뚝 서 있어요.**

08 장수왕 고구려 *394~491 은 광개토 대왕의 아들로, 고구려의 영토를 한강 유역까지 넓히며 전성기를 이루었어요. 이름처럼 오래도록 장수하면서 **80년 가까이 고구려를 다스렸지요.** 장수왕은 백제의 개로왕이 바둑을 좋아한다는 것을 알고, 바둑 실력이 뛰어난 도림을 백제에 첩자로 보냈답니다. 도림을 통해 백제를 혼란에 빠뜨린 뒤, 공격해 승리를 거두었지요.

09 진흥왕 신라 *534~576 은 일곱 살에 왕위에 올라, 신라의 전성기를 열었어요. 신라는 백제와 고구려에 비해 발전이 더뎠어요. 진흥왕은 어린 나이에 왕이 되었지만, 열심히 학문을 갈고닦으며 나라 안팎을 잘 다스렸답니다. 불교를 통해 백성들의 마음을 하나로 모으고, 화랑도를 통해 강한 군사를 키우며 **마침내 한강 유역을 점령하는 데 성공했지요.**

첨성대를 지은 우리나라 최초의 여왕
선덕 여왕

10 선덕 여왕 신라 *?~647 은 우리나라 최초의 여왕이에요. 아버지 진평왕이 아들이 없이 죽자 왕위에 올랐지요. 당시 신라는 힘든 상황에 놓여 있었어요. 이웃한 백제와 고구려가 끊임없이 신라를 공격하고 있었거든요. 결국 당나라의 도움을 청했지만, 당나라 황제는 "여자가 무슨 힘이 있겠느냐"며 얕보았지요. 선덕 여왕은 신라 왕실의 굳건한 힘을 보여 주고 싶었어요. 황룡사에 어마어마한 높이의 9층 탑을 세워 백성들의 마음을 하나로 모았지요. 천문대인 첨성대를 세워 별자리를 관측하게 한 것도 선덕 여왕의 업적이랍니다.

선덕 여왕 이야기

향기가 나지 않는 꽃

선덕 여왕은 마음이 맑고 지혜로운 임금이었대요.
선덕 여왕의 지혜를 엿볼 수 있는 이야기를 만나 볼까요?

어느 날, 당나라 태종이 선덕 여왕에게 그림을 선물했어요. 빨간색, 자주색, 하얀색 모란이 그려진 멋진 그림과 꽃씨를 보내온 거예요.
선덕 여왕은 그림을 보고는 이렇게 말했어요.
"흠, 이 꽃은 향기가 나지 않지 않겠구나."
신하들은 고개를 갸우뚱하며 궁궐 뜰에 꽃씨를 심었어요.
그런데 시간이 흘러 꽃이 피자 정말 꽃에서 향기가 나지 않았대요.
"임금님, 어찌 향기가 나지 않을 걸 아셨습니까?"
신하들이 물으니, 선덕 여왕은 이렇게 대답했대요.
"꽃 그림에 나비가 없으니, 이는 꽃에 향기가 없다는 뜻이다.
그러니 이것은 당 태종이 배우자가 없이 홀로 사는 나를 업신여기고 조롱하는 의미로 보낸 것이다."
라고 말했답니다.

어? 나비 없다더니, 저 화려한 나비는 뭐지?

훗, 내가 그려 넣었어.

삼국 통일의 꿈을 이룬 아버지와 아들
무열왕과 문무왕

11 무열왕 신라 * 603~661 의 본래 이름은 김춘추예요.
어린 시절부터 김유신과 친구로 지내며 삼국 통일의 꿈을 키웠답니다.
신라의 화랑이 되어 학문과 무술을 열심히 쌓았지요.
마침내 진덕 여왕의 뒤를 이어 신라의 왕이 된 김춘추는
전쟁에서 승리하기 위해 치열한 외교전을 펼쳤답니다.
고구려와 손을 잡고 백제를 무너뜨릴 계획을 세우기도 했지요.
결국에는 당나라의 군사를 끌어들여 백제를 무너뜨렸답니다.

12 **문무왕** 신라 * 626~681 은 무열왕의 아들이자 김유신의 조카예요. 왕자 시절부터 김유신 장군을 따라다니며 전쟁에 참여했고, 아버지의 뒤를 이어 고구려까지 정복했지요. 그 뒤 당나라가 약속을 어기고 신라를 공격하자 당나라와 싸워 마침내 삼국 통일의 꿈을 이루었답니다.
문무왕의 무덤은 신라 앞바다에 있는 대왕암이에요. "죽어서도 용이 되어 나라를 지키겠다"는 유언에 따라 바다에서 장례를 치른 거지요.
신라에는 만파식적이라는 피리가 있었대요. 세상을 떠난 문무왕과 김유신이 다음 왕인 신문왕에게 대나무를 보냈는데, 이것으로 피리를 만들었더니, 나라의 근심이 사라졌다고 해요.

낙화암에 서린 백제의 눈물 의자왕

13 의자왕 백제*?~660 은 백제의 마지막 왕이에요.
처음에는 나라를 잘 이끌며 신라와의 전쟁에서도 승승장구했지만,
점점 술과 놀이에 빠져들어 나랏일을 소홀히 하고, 신하들의 말도 듣지 않았지요.
결국 백제는 당나라와 연합한 신라에게 크게 패배하고 말았어요.
나라를 잃은 의자왕은 당나라로 끌려갔답니다. 700년을 이어 온 백제의
역사가 막을 내린 거예요. 금강을 바라보는 **낙화암에는 궁녀 3,000명이
도망치다가 강물에 빠져 죽었다는 전설이 전해진답니다.**
사실은 아니라지만 백제의 슬픈 역사를 기억하게 하는 이야기지요.

고구려를 계승한 발해 대조영

14 **대조영** 발해 *?~719 은 고구려의 장군이었어요.
고구려가 멸망한 뒤, 대조영은 고구려 사람 일부와 함께 당나라로 끌려갔지요.
당나라는 고구려 유민들을 비롯해 말갈족 등 주변 민족들을 지배하며
노예처럼 부렸답니다. 이대로 당할 수 없다고 생각한 대조영은 말갈족과
힘을 합쳐 새로운 땅을 찾아 나섰어요. 이윽고 동모산 기슭에 자리를 잡고
고구려의 정신을 계승하는 나라, 발해를 세웠지요.
발해는 이후 고구려보다 더 넓은 영토를 차지하였고, 신라와도 좋은 관계를
맺으며 발전했답니다. 하지만 안타깝게도 거란족에게 패배하고 말았어요.

후고구려를 세운 궁예

15 궁예 후삼국 *?~918 는 후고구려를 세운 인물이에요. 당시 통일 신라는 귀족들의 부정부패로 혼란에 빠져 있었어요. 그러자 곳곳에서 힘센 장수들이 일어났지요. 궁예는 이때 도적의 무리를 이끌고 세력을 넓히면서 오늘날의 개성인 송악에 후고구려를 세웠어요. 궁예는 신라의 왕족인데, 아기 때 버려졌다는 소문이 도는 인물이었어요. **처음에는 백성들의 존경을 받았지만 점점 포악해져 신하와 가족까지 죽이고 말았지요.** 궁예의 부하였던 왕건은 결국 궁예를 쫓아내고, 새로운 나라 고려를 세웠어요.

후백제를 세운 견훤

16 **견훤** 후삼국 * 867~936 은 어렸을 때부터 체격이 크고 힘이 센 장사였대요. 신라가 혼란에 빠지자, 오늘날의 전주인 완산에 후백제를 세우고, 스스로 왕이 되었지요. 견훤은 부하들을 잘 지휘해 인기가 많은 왕이었어요. **한때는 신라의 도읍으로 쳐들어가 왕을 죽일 정도로 기세가 대단했답니다.** 하지만 견훤은 집안을 잘 다스리지 못했어요. 넷째 아들을 아껴 후계자로 삼는 바람에 그 위의 세 아들이 불만을 품은 거예요. 결국은 맏아들 신검에게 왕의 자리를 빼앗기고, 고려로 도망쳐 쓸쓸히 세상을 떠났답니다.

고려를 세운 총명한 지도자 **왕건**

17 왕건 고려 * 877~943 은 젊은 시절, 궁예의 부하였어요. 치밀하게 계획을 세운 뒤 차근차근 행동에 옮기는 총명한 장군이었기에 신하들도 백성들도 모두 왕건을 좋아했대요. 궁예가 점점 폭군으로 변해 가자, 결국 왕건은 궁예를 몰아내고 후고구려에 이어 고려를 세웠어요. 고려는 고구려를 계승하는 나라로, 신라와 백제 사람들뿐 아니라 발해 유민들까지 너그럽게 끌어안으며 후삼국 시대를 마무리했답니다. 왕건은 부인도 많고, 자녀도 서른 명이 넘었어요. 여러 지역의 권력자들과 혼인을 통해 가족이 되어 나라를 안정시키고자 했던 것이지요. 다음 왕들을 위해 나라를 다스리는 데 필요한 가르침인 훈요 10조를 남겼답니다.

마의 태자 이야기

개골산에 들어간 신라의 왕자

후삼국 시대에 신라는 후백제나 고려보다 힘이 약해 늘 두 나라의 눈치를 살펴야 했어요. 신라의 마지막 임금인 경순왕은 더 이상 나라를 지킬 수 없다며 고려에 항복하기로 했지요.
"아버지, 신라는 천 년을 이어 온 나라입니다. 문무왕과 김유신 장군이 지켜 온 나라를 왕건에게 바칠 수는 없습니다!"
신라의 태자는 경순왕 앞에 엎드려 간청했어요. 하지만 경순왕은 긴 한숨을 쉬며 고개를 저었지요.
"네 마음을 어찌 모르겠느냐. 하지만 운명은 받아들여야 한다. 신라는 약해질 대로 약해졌다. 지금이라도 왕건에게 항복을 해야만 애꿎은 백성들의 목숨을 구할 수 있지 않겠느냐. 무모한 전쟁이 무슨 소용이냐."
경순왕이 왕건에게 항복한 뒤, 태자는 오늘날의 금강산인 개골산으로 들어가 평생을 살았어요. 태자는 훗날 '마의 태자'라고 불렸답니다. '마의(麻衣)'란 삼베옷을 말해요. 왕의 아들인 태자가 백성들이나 입던 거친 옷을 입고 살았다고 해서 붙여진 별명이지요.
마의 태자는 초가집을 짓고 풀뿌리만 먹고 지내다 결국 세상을 떠나고 말았어요.

과거 제도를 실시한 광종

18 광종 고려 * 925~975 은 고려의 네 번째 왕으로 처음으로 과거 제도를 실시했어요. 당시 고려는 나라를 세우는 데 공을 세운 귀족들의 권력이 컸어요. **왕의 힘을 키워야겠다고 생각한 광종은 중국에서 실시하는 과거 제도를 들여왔답니다.** 귀족이 아니더라도 과거 시험을 통과하면 누구나 관직에 오를 수 있도록 한 거예요. 또한 광종은 억울하게 노비가 된 사람들을 풀어 주어 백성들의 마음까지 얻었답니다. 귀족들은 이런 광종이 마음에 들지 않아 반란까지 일으켰지만, 결국 광종에게 무릎을 꿇었어요.

원나라에 맞선 고려의 불꽃 공민왕

19 공민왕 고려 * 1330~1374 이 왕이 되었을 때, 고려는 원나라의 간섭을 받고 있었어요. 공민왕도 어려서부터 원나라에서 교육을 받고, 원나라 공주와 결혼도 해야 했지요. 왕위에 오른 뒤, 공민왕은 원나라의 간섭에서 벗어나기 위해 모든 노력을 기울였어요. 원나라의 풍습을 없애고, 원나라 편에 선 귀족들을 몰아내고, 원나라가 차지한 고려 땅까지 되찾으며 나라를 차근차근 바로잡아 나갔지요. 하지만 사랑하는 부인인 노국 공주가 죽고, 믿었던 신하인 신돈마저 자신을 배신하자, 방탕한 생활에 빠지고 말았답니다. 결국 신하들에게 죽임을 당했고, 이후 고려는 무너지고 말았어요.

조선을 세운 아버지와 아들 이성계와 이방원

20 이성계 조선 * 1335~1408 는 고려 말의 장군이자, 새로운 나라 조선을 세운 왕이에요. 당시 고려는 북쪽으로는 홍건적이, 남쪽으로는 왜구가 들끓고 있었어요. 이성계는 동에 번쩍 서에 번쩍 외적의 침략을 물리치며 백성들에게 큰 신망을 얻었답니다. 이성계를 눈여겨보던 선비인 정도전은 "장군, 새로운 나라의 왕이 되어 주십시오."라고 청했어요. 고려는 이미 힘을 잃었고, 더 이상 희망이 없다고 생각한 거예요. 이성계는 고민을 안고 다시 전쟁터로 나갔어요. **군대가 압록강 부근의 위화도에서 큰비를 만나 군사들이 위기에 처하자, 마음을 굳혔지요.** 왕과 최영 장군의 명령을 거스르고, 군대를 돌려 개경으로 쳐들어간 거예요. 이성계는 고려의 왕을 무릎 꿇리고 조선의 첫 번째 왕, 태조가 되었지요.

21 **이방원** 조선 * 1367~1422 은 이성계의 다섯 번째 아들이었어요.
이성계에게는 아들이 여덟 있었는데, 태조는 그중 막내인 열한 살짜리
아들을 태자로 삼았지요. 그러자 이방원은 울화통이 터졌어요.
"조선을 세우는 데 가장 큰 공을 세운 게 누구인가! 바로 내가 아닌가!"
이방원은 아버지가 정도전의 뜻에 따라 어린 태자를 왕위에 앉히려 한다고
생각했어요. 결국 정도전과 형제들을 죽이고 왕위에 올라,
조선의 세 번째 임금인 태종이 되었지요. 왕실을 피로 물들이며 왕이
되었지만, 태종은 나라를 다스리는 일에는 정성을 다했어요.
신문고를 만들어 백성의 억울함을 달래 주었고, 오늘날의 신분증과 같은
호패를 만들어 나라의 질서를 세웠지요. 또 성균관에 인재를 불러 모아
교육에 힘쓰며 나라의 기틀을 다졌답니다.

한글을 창제한 최고의 성군 세종 대왕

22 세종 대왕 조선 * 1397~1450 은 우리 역사상 가장 위대한 임금으로 손꼽혀요. 어려서부터 엄청난 책벌레여서, 아버지인 태종이 책을 숨길 정도였대요. 고기 반찬을 좋아하고, 운동은 싫어했지요. 스무 살이 갓 넘은 나이에 왕위에 오른 세종은 백성을 위하는 것이 진정한 정치라고 생각했어요. 그래서 백성들에게 필요한 다양한 책을 펴내고, 농사와 과학 기술을 연구해 백성들의 삶에 도움을 주고자 했어요. 또한 영토를 넓혀 오늘날 우리나라의 영토를 완성했지요. 무엇보다 중요한 것은 '훈민정음'을 창제한 거예요. 한자가 어려워 글을 읽고 쓰지 못하는 백성들을 위해 누구나 쉽게 익힐 수 있는 우리 민족만의 문자를 만든 거예요.

양녕 대군 이야기

궁궐에서 쫓겨난 세자

태종에게는 네 명의 왕자가 있었어요. 첫째인 양녕은 씩씩하고 쾌활한 성격이었어요. 둘째 효령은 마음이 여리고 부끄러움을 많이 탔지요. 훗날 세종 대왕이 된 셋째 충녕은 끈기가 있고 꼼꼼했어요. 넷째인 성녕은 네 형제 중 가장 잘생겼대요.
아버지 태종은 "형제들끼리 다투지 말고 사이좋게 지내라."고 늘 당부했고, 네 형제는 서로 우애가 깊었다고 해요.

원래 왕의 자리를 이을 세자는 첫째인 양녕이었어요. 하지만 양녕은 공부보다는 사냥과 활쏘기를 좋아했어요. 공부를 게을리하고 궁궐 밖으로 나가 저잣거리의 아이들과 어울려 노는 일도 많았지요.
"또 어디 가서 놀다가 온 게냐! 왕이 될 세자가 어찌 공부를 게을리한단 말이냐!"
태종의 노여움을 산 양녕은 결국 세자 자리에서 쫓겨났고, 충녕이 세자가 되었어요. 궁궐에서 쫓겨난 양녕은 그 뒤로 전국 곳곳을 떠돌며 시를 짓고 살았다고 해요.

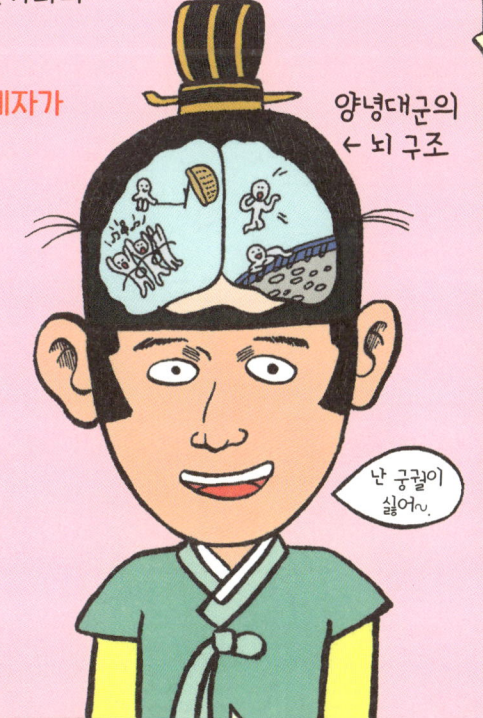

좋은 임금일까, 나쁜 임금일까? 세조

23 세조 조선 * 1417~1468 는 세종 대왕의 둘째 아들이에요. 어릴 때는 '수양 대군'으로 불렸지요. 수양 대군은 야심이 큰 사람이었어요. 항상 몸보다 큰 옷을 입고 다니고, 말에서 선 채로 뛰어내리며 으스대는 걸 좋아했지요. 형 문종이 죽고 조카인 단종이 어린 나이에 왕에 오르자, 수양 대군은 엄청난 일을 꾸미고 말아요. **'계유정난'을 일으켜 단종을 몰아내고 스스로 왕위에 오른 거예요.** 왕이 된 세조는 누구보다 열심히 나랏일에 힘썼어요. 조선의 법전인 〈경국대전〉을 만들기 시작하고 백성들의 삶도 꼼꼼하게 살폈지요. 세조의 두 아들은 모두 젊은 나이에 숨을 거두었는데, 사람들은 "어린 조카를 죽인 벌"이라며 수군댔대요.

'군' 자로 끝나는 임금 연산군과 광해군

24 연산군 조선 * 1476~1506 은 최악의 폭군으로 꼽히는 왕이에요. 연산군의 어머니는 연산군이 어렸을 때 사약을 받고 목숨을 잃었어요. 슬픈 어린 시절을 보낸 연산군은 점점 포악해졌어요. **두 번의 '사화'를 일으켜 수많은 신하들의 목숨을 빼앗고 자신을 반대하는 사람은 모두 내쫓았어요.** 나랏일은 돌보지 않고, 잔치와 사냥으로 흥청망청 지내다 결국 왕의 자리에서 쫓겨났어요.

25 광해군 조선 1575~1641 은 세자 시절 임진왜란이 일어나자 직접 전쟁터로 나가 싸웠어요. 그런데 왕위에 오르자마자, 다시 전쟁의 기운이 감돌았답니다. 후금과 싸우던 명나라가 군사를 요청한 거예요. **광해군은 두 나라 사이에서 중립 외교를 펼치며 전쟁을 피해 나갔어요.** 하지만 왕자리를 위협하는 어린 동생인 영창대군을 죽이고, 그의 어머니를 가둔 일로 왕좌에서 쫓겨나고 말았답니다. 이렇게 쫓겨난 임금에게는 '군'이라는 시호를 붙여요.

탕탕평평 영조, 수원 화성 정조

26 **영조** 조선 * 1694~1776 가 왕에 오를 무렵, 조선은 신하들의 싸움이 극심했어요. 두 패로 나뉘어 싸우느라 나라 살림을 제대로 돌보기도 어려웠지요. 그래서 영조는 '탕평책'을 실시했어요. 누구의 편이어서가 아니라, 능력에 따라 공평하게 관직에 오르게 한 거예요. 또한 잔인한 형벌을 금지하고 백성들에게 농사지을 땅을 나누어 주는 등 백성을 위한 정책을 펼쳤지요.

27 **정조** 조선 * 1752~1800 는 영조의 손자이자, 사도 세자의 아들로 어려서부터 영리하고 재능이 뛰어났어요. 영조의 관심을 듬뿍 받으며 왕위에 오른 정조는 아버지 사도 세자의 죽음을 아픔으로 간직하며 지내야 했지요. 하지만 나랏일은 똑 부러지게 해냈답니다. 수원 화성을 지어 군사력을 키우고, 규장각을 지어 인재를 키우며 나라를 번성시켰지요.

사도 세자 이야기

뒤주에 갇힌 세자

사도 세자는 영조의 아들이에요. 어려서부터 영특하고, 예술에도 뛰어난 재능을 보였대요. 영조는 세자를 훌륭한 임금으로 키우고 싶었어요. 그래서 태어난 지 석 달도 되지 않은 아이를 어머니와 떨어뜨린 채, 혹독한 공부를 시켰어요. 하지만 사도 세자는 영조의 관심이 힘들게만 느껴졌어요. 그래서 점점 공부를 멀리하고, 괴상한 행동으로 주위 사람들을 실망시켰답니다. 그러던 중 몇몇 신하들이 영조에게 거짓을 고했어요.
"세자가 역모를 꾀하고 있다고 하옵니다!"
신하들의 말을 믿어 버린 영조는 사도 세자를 잡아들여
"네 스스로 목숨을 끊거라!" 하며 뒤주에 가둬 버렸지요. 어린 손자가 울며 말려 보았지만 영조의 화는 수그러들지 않았답니다. **결국 뒤주에 갇혀 아무것도 먹지 못한 사도 세자는 며칠 뒤에 굶어 죽고 말았어요.**
왕이 된 정조는 아버지를 기리는 마음으로 묘를 크게 짓고, 훗날 아버지의 묘 옆에 잠들었답니다. 영조는 이때의 일을 후회하며 생각할 '사(思)', 슬퍼할 '도(悼)'라는 뜻을 담아, 사도 세자란 이름을 내렸어요.

나라의 문을 열까 말까
흥선 대원군, 고종, 명성 황후

28 **흥선 대원군** 조선 * 1820~1898 은 고종의 아버지로 어린 아들을 대신해 10년 동안 나라를 다스렸어요. '대원군'은 왕의 아버지를 높여 부르는 말이랍니다. 당시 조선의 관리들은 썩을 대로 썩어 있었어요. 흥선 대원군은 부패한 벼슬아치들을 내쫓고, 임진왜란 때 불타 버린 경복궁을 재건하며 왕실의 힘을 키우려고 했어요. 당시 세계는 큰 변화를 맞이하고 있었어요. 서양의 여러 나라들이 조선을 찾아와 개항을 요구했지요. 흥선 대원군은 나라 문을 꽁꽁 닫고 서양 나라들과 교류하지 않는 것이 조선을 지키는 길이라 믿었어요. 그래서 척화비를 세우고, 배를 타고 나타난 서양 나라들을 공격하며 쫓아냈답니다.

29 고종 조선 * 1852~1919 은 흥선 대원군이 물러난 뒤, 이웃 나라와 교류를 시작했어요. 당시 조선은 매우 혼란스러웠어요. 개화파들은 다른 나라와 더 적극적으로 교류하자고 목소리를 높이고, 먹고살기 힘든 농민들은 곳곳에서 봉기를 일으켰어요. 밖으로는 청과 러시아, 일본의 간섭이 심해지면서 나라의 운명은 위태롭기만 했어요. **고종은 나라 이름을 '조선'에서 '대한 제국'으로 바꾸고, '왕'을 '황제'라 부르게 했어요.** 새로운 문물을 받아들여 독립적인 나라를 만들고 싶었던 것이에요. 하지만 강제로 맺은 을사조약으로 일본에게 무릎을 꿇고, 결국 왕의 자리에서도 내쫓기고 말았어요.

30 명성 황후 조선 * 1851~1895 는 고종의 부인이에요. 명성 황후는 총명하고 나랏일에도 관심이 많았어요. 조선이 발전하려면 다른 나라와 교류해야 한다고 생각했기 때문에 흥선 대원군과는 사사건건 다툼을 벌였지요. 명성 황후는 러시아와 청나라의 힘을 이용해 일본에 맞서려 했어요. 그러다 **일본이 보낸 자객들에게 비참한 죽음을 당하고 말았답니다.** 이 사건을 을미사변이라고 **해요.**

- 우리나라 최초의 왕은 ☐☐ 왕검이에요.

- ☐☐은 '활 잘 쏘는 사람'이라는 뜻으로, 고구려를 세웠어요.

- 백제의 전성기를 열었던 왕은 ☐☐☐왕이에요.

- 광개토 대왕의 아들로 영토를 최고로 넓힌 왕은 ☐☐왕이에요.

- 우리나라 최초의 여왕은 신라의 ☐☐ 여왕이에요.

- 삼국을 통일한 ☐☐왕의 무덤은 동해에 있는 대왕암이에요.

- 백제의 마지막 왕인 ☐☐왕은 당나라로 끌려가고 말았어요.

- ☐☐은 고려를 세우고 후삼국 시대를 통일했어요.

- ☐☐☐는 조선을 건국한 왕이에요. 그의 다섯 째 아들인 ☐☐☐은 조선의 세 번째 임금인 태종이 되었지요.

- 한글을 창제한 ☐☐ 대왕은 우리 역사상 가장 위대한 임금으로 손꼽혀요.

★ □□□은 명나라와 후금 사이에서 중립 외교를 펼쳤어요.

★ □□는 탕평책을 실시해 능력에 따라 관직에 오르게 했어요.

★ 수원 화성을 지은 □□는 규장각을 지어 인재를 양성했어요.

★ □□□□□은 서양의 나라들과 교류하지 않는 것이 나라를 위하는 길이라 여겼어요.

★ 을미사변으로 목숨을 잃은 왕비는 □□ □□예요.

정답 : 단군, 주몽, 근초고, 장수, 선덕, 문무, 의자, 왕건, 이성계, 이방원, 세종, 광해군, 영조, 정조, 흥선 대원군, 명성 황후

전쟁의 문

"살고자 하는 자, 나를 따르라!"

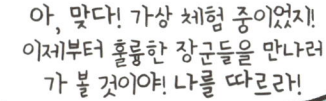

백만 대군도 벌벌 떤 고구려의 장군 을지문덕

31 을지문덕 고구려 * ?~? 은 고구려의 유명한 장군이에요.
최고의 작전을 세워 전쟁을 승리로 이끈 영웅이지요.
을지문덕이 활약하던 600년 무렵, 고구려는 큰 위기에 처해 있었어요.
여러 나라로 쪼개져 있던 중국이 수나라로 통일을 이루면서
고구려를 넘보기 시작한 거예요. 예상대로 수나라는 100만이 넘는 대군을
이끌고 고구려를 공격했어요. **하지만 을지문덕은 숫자에 겁먹지 않았어요.**
"나라의 운명이 내 손에 달려 있다! 절대 물러서지 않겠다!"
결국 을지문덕은 오늘날의 창천강인 '살수'에서 큰 승리를 거두었답니다.

 살수 대첩 이야기

살수에서 끝장을 내자!

고구려 군사들은 수나라 100만 대군에 맞서 끈질기게 싸웠어요.
"이대로는 안 되겠다! 수도 평양성부터 공격하자!"
안달이 난 수나라는 결국 뛰어난 군사 30만 명을 뽑아 평양성으로 향했답니다.
"고된 행군에 식량까지 부족하니, 지칠 때를 기다려 기회를 노려야겠군."
을지문덕은 백성들을 성안으로 피신시키면서 집 안에 쌀 한 톨도 남기지 말고, 우물은 모두 흙으로 메우라고 명했어요. 적군이 마을을 행군하면서 물 한 방울 먹지 못하게 할 작정이었던 거예요. 한편으로는 싸움을 걸고 도망치기를 계속했지요. 얼마 뒤, 을자문덕은 수나라 장군에게 편지를 보냈어요.

"그대의 뛰어난 책략은 하늘을 뚫고, 기묘한 작전은 지리를 통달했소. 싸워 이긴 공이 이미 크니 이제 그만 돌아가는 것이 어떠하오."

을지문덕은 수나라 장군을 칭찬하며, 지금 돌아간다면 고구려 임금이 직접 수나라 임금을 찾아뵙겠다고 전했어요. 수나라 장군은 이 편지를 항복으로 받아들이고 군대를 후퇴시켰지요.
군사들이 살수를 건널 때였어요.
"지금이다! 한 명도 살려 보내지 마라!"
고구려 군대는 강물을 건너는 수나라 군대를 향해 맹공격을 퍼부어 큰 승리를 거두었어요. 이것이 바로 '살수 대첩'이랍니다.

당나라에 맞선 두 영웅 연개소문과 양만춘

32 연개소문 고구려 * ?~ 666 은 왕보다 더 큰 힘을 가졌던 고구려의 귀족이에요. 체격도 크고 성격도 호탕했답니다. 당시 중국 땅에는 수나라에 이어 당나라가 세력을 떨치고 있었어요. 당나라는 호시탐탐 고구려를 노리고 있었지요. 연개소문은 국경을 따라 천리장성을 쌓고, 먼저 당나라를 공격하자고 주장했어요. 하지만 몇몇 귀족은 그를 시샘하며 죽이려 들었지요. 결국 **연개소문은 자신을 반대하는 왕과 귀족들을 죽이고 최고의 권력을 차지했답니다.** 그 뒤로 연개소문은 당나라와의 전쟁에서 잇단 승리를 거두었어요.

침략을 미루시는 게...

으음~ 그럴까?

33 양만춘 고구려 * ?~? 은 고구려 안시성의 성주였어요. 당시 당나라 임금 태종은 고구려의 여러 성을 무릎 꿇리며 거센 공격을 퍼부었어요. 하지만 딱 한 곳, 휘몰아치는 당나라 대군의 공격에도 끄떡 없는 성이 있었지요. 그곳이 바로 안시성이에요. **당나라 군대는 안시성을 넘기 위해 흙산까지 쌓았지만 결국 실패했답니다.** 양만춘과 백성들이 똘똘 뭉쳐 맞서 싸운 결과였어요.

'독도는 우리 땅' 하면 생각나는 **이사부와 안용복**

34 이사부 신라 * ?~? 는 울릉도 지역을 점령한 장군이에요. 먼 옛날, 이곳에는 '우산국'이라는 나라가 있었어요. 신라는 우산국을 차지하고 싶었지만, 땅이 험하고 사람들이 사나워 기회만 엿보고 있었지요. 신라의 장군이었던 이사부는 꾀를 내었어요. 나무로 만든 사자를 배에 가득 싣고 가서는 외쳤지요. **"항복하지 않으면 사자를 섬에 풀어 버리겠다."** 잔뜩 겁을 먹은 우산국 사람들은 항복을 했고, 이때부터 울릉도와 독도는 신라의 땅이 되었어요.

35 안용복 조선 * ?~? 은 경상도에 살던 어부였어요. 당시 일본 사람들은 울릉도까지 와서 나무도 베어 가고, 고기도 잡아갔대요. 이때 **"이곳은 조선 땅이니, 당장 일본으로 돌아가시오!"** 라고 용기 있게 외친 사람이 바로 안용복이에요. 안용복은 이 일로 일본에 잡혀갔는데, 오히려 '울릉도는 조선 땅이고, 일본 사람은 앞으로 울릉도에 가지 않겠다'는 약속까지 받아 왔답니다. 높은 관리들도 하지 못한 일을 해낸 거예요.

바다를 지배한 해상왕 장보고

36 **장보고** 통일 신라 * ?~846 는 해상 무역을 이끈 신라의 장군이에요. 장보고의 원래 이름은 궁복이에요. 궁복은 신분이 낮아 신라에서는 아무 일도 할 수 없었답니다. 그래서 어려서 당나라로 떠나 장수가 되었지요. 힘을 키운 궁복은 당나라 해적들이 신라 사람들을 괴롭히자, 신라로 돌아와 해적들을 무찌르는 데 온 힘을 쏟았어요. **지금의 전라도 완도에 '청해진'이라는 기지를 만들고, 주변 바다를 지나는 해적들을 소탕한 거예요.** 장보고가 이끄는 청해진은 중국에서 신라, 일본으로 이어지는 해상 무역의 중심지이자, 최고의 군사 기지였답니다.

황산벌에서 맞붙은 두 불꽃 계백, 김유신

37 계백 백제 * ?~660 은 마지막 순간까지 백제를 위해 싸운 장군이에요. 660년, 신라는 백제를 무너뜨리기 위해 오늘날 논산에 있는 들판인 황산벌로 쳐들어왔어요.

"싸움에 패배해 노예가 되느니, 내 손으로 목숨을 거두겠소!"

백발 노인이던 계백은 앞날을 알 수 없자, 자신의 손으로 가족들을 죽이고 전장에 나섰답니다. 5천 명의 군사를 이끌고 김유신 장군이 이끄는 5만 명 군사와 맞선 거예요. 계백과 군사들은 죽기를 각오하고 싸워 초반에는 승리를 거두었어요. 하지만 화랑인 관창의 죽음으로 점점 신라군의 사기가 올랐지요. 결국 계백과 백제의 군사들은 모두 전사하고 말았답니다.

38 김유신 신라 * 595~673 은 단 한 번의 패배도 허락하지 않았던 신라 최고의 장군이에요. 김유신은 열다섯 살에 화랑이 되어 수련을 거듭했어요. 어릴 때부터 친구였던 김춘추와 자신의 여동생을 혼인시켜 김춘추가 왕이 되는 데 큰 도움을 주었답니다.

김유신과 김춘추는 삼국을 통일하기로 뜻을 모았어요. 김유신은 직접 전쟁터에 나가 적과 싸우고, 김춘추는 당나라와 손을 잡으며 외교에 힘을 썼지요. 결국 백제와 고구려를 무릎 꿇리며 삼국 통일의 꿈을 이루어 나갔답니다.

거란을 물리친 뛰어난 전략가 서희와 강감찬

39 서희 고려 * 942~998 는 고려의 외교관이었어요. 거란이 옛 고구려 땅을 내놓으라고 으름장을 놓자 서희는 당당하게 담판을 벌였지요. **"고려는 고구려를 계승한 나라이니 땅은 당연히 우리 것이다."** 라며 "함께 여진족부터 몰아내자"고 똑 부러지게 말한 거예요. 서희에게 설득당한 거란은 순순히 물러났답니다. 이렇게 지킨 땅이 바로 압록강 가까이의 강동 6주이지요.

40 강감찬 고려 * 948~1031 은 고려의 유명한 장군이에요. 강감찬이 태어날 때 하늘에서 커다란 별이 떨어졌대요. 그곳이 오늘날의 '낙성대'랍니다. 하루는 강감찬이 똥을 누는데 마른하늘에 벼락이 떨어졌대요. **어린 강감찬은 재빨리 번갯불을 손으로 잡아 똑 꺾었답니다.** 신비로운 이야기 속 주인공인 강감찬은 용맹하게 자라나 거란의 침략을 용감히 막아 냈어요.

귀주 대첩 이야기

지금이다! 쇠가죽을 끊어라!

소배압이 이끄는 거란군이 고려로 돌진해 왔어요.
이 소식을 들은 강감찬은 당장 명령을 내렸지요.
"쇠가죽으로 강 상류를 막아라!" 상류를 막자, 강물은 걸어서 건널 정도로 낮아졌어요. 아무것도 모르는 거란군은 강물을 첨벙첨벙 걸어서 건넜지요.
"이때다! 쇠가죽을 끊어라!"
팽팽하게 물을 막던 쇠가죽이 터지자, 거란의 군사들은 정신없이 물살에 떠내려갔어요. 이 싸움을 '흥화진 전투'라고 해요.

강감찬 장군은 살아남은 거란군을 쫓아 귀주 벌판까지 따라갔어요.
그때, 거센 비바람이 거란군 쪽으로 휘몰아치기 시작했어요.
"기회는 지금이다! 활시위를 당겨라!"
고려의 군사들은 바람을 등에 업고 화살을 쏘아 댔어요.
화살은 바람을 타고 비처럼 쏟아졌지요. 거란의 10만 군사 가운데 살아 돌아간 군사가 고작 수천 명, 이 전투가 바로 '귀주 대첩'이랍니다.

끝까지 항복하지 않은 삼별초 배중손

41 배중손 고려 * ?~1271 은 삼별초를 이끈 장군이에요.
당시 고려는 몽골의 침략을 견디지 못하고, 끝내 항복을 하고 말았어요.
하지만 끝까지 몽골에 맞선 사람들이 있었답니다. 바로 특수 부대 삼별초였지요.
배중손과 그를 따르는 군사들이 끝까지 싸우자고 주장하자,
고려의 임금은 삼별초를 해산하라는 명령을 내렸어요.
그러자 배중손은 왕실의 친척을 새 왕으로 내세워 반란을 일으켰어요.
군사들을 이끌고 남해안의 진도까지 가서 몽골과 싸웠지요.
삼별초는 남해안 일대를 주름잡으며 세력을 키웠지만 결국
몽골과 고려군에게 함락당했답니다.

황금을 보기를 돌같이 하라 최영

42 최영 고려 * 1316~1388 은 고려의 장군이에요. 고려의 힘이 다해 갈 무렵, 북쪽의 홍건적과, 남쪽의 왜구를 무찌르는 데 앞장섰어요. 몸에 화살을 맞으면 그 화살을 다시 뽑아 왜구에게 되쏘았다니, 정말 대단하지요?

최영은 이성계에게 목숨을 잃는 순간에도 당당했어요. **"내게 죄가 없다면 내 무덤에서 풀이 자라지 않을 것이오."** 실제로 오랫동안 최영의 무덤에서는 풀이 나지 않았다고 해요.

"황금을 보기를 돌같이 하라."는 말을 들어 본 적 있나요? 이 말은 최영 장군의 아버지가 남긴 유언이래요. 최영은 아버지의 뜻대로, 평생 재물을 탐하지 않았답니다.

내 죽음을 알리지 마라 이순신

43 **이순신** 조선 * 1545~1598 은 우리 역사상 가장 유명한 장군이에요. 1592년 임진왜란이 터지자, 미처 전쟁 준비를 하지 못했던 조선은 그대로 무너지고 말았어요. 임금도 한양을 버리고 몸을 피할 만큼 궁지에 몰렸지요. 하지만 이순신 장군이 전투마다 승리를 거두면서 상황은 달라졌어요. 이순신 장군이 거북선을 이끌고 바닷길을 지키고, 권율 등의 장군과 스스로 일어난 의병들은 육지를 지켰지요. **이렇게 온 나라가 한뜻이 되어 전쟁에 나서면서, 결국 일본군은 물러나고 말았답니다.** 이순신 장군은 마지막 순간까지도 나라 걱정뿐이었어요. 유탄을 맞고 쓰러지면서도 "내 죽음을 적에게 알리지 마라."고 당부했지요. 이순신이 직접 기록한 〈난중일기〉는 전쟁 당시의 모습을 생생하게 전해 주고 있어요.

한산도 대첩 이야기

거북선을 몰고 학익진으로!

거북선은 세계 최초의 철갑선이에요. 조선의 판옥선에 둥근 모양의 철판 덮개를 씌우고 송곳칼을 꽂은 모양이지요. 사방에는 대포 구멍을 내었고, 입에서는 연기를 토해 적들이 앞을 보지 못하게 했답니다.

'학익진' 전술로 유명한 한산도 대첩에서도 거북선은 큰 활약을 했어요. 당시 통영 앞바다로 쳐들어온 왜군의 숫자는 조선군보다 훨씬 많았어요. **이순신은 왜군이 한산도 앞바다로 들어오자, 학이 날개를 편 모양으로 적을 둘러쌌어요.** 그러고는 거북선을 앞세워 대포 공격을 퍼부었지요. 왜군은 도망갈 곳이 없어 우왕좌왕하고 말았답니다. 결국 47척의 배가 바다에 가라앉고 12척의 배를 빼앗긴 채 물러났지요. 한산도 대첩은 진주 대첩, 행주 대첩과 함께 임진왜란 3대 대첩으로 불려요.

행주 대첩 **권율**, 진주 대첩 **김시민**

44 권율 조선 * 1537~1599 은 임진왜란 때 조선군을 총지휘한 장군이에요. '행주 대첩'으로 유명하지요. 성을 지키던 권율과 백성들은 왜군이 쳐들어오자 불화살을 쏘며 맞섰어요. 무기가 떨어지자 성을 지키던 여자들은 행주치마에 돌을 담아 날랐답니다. 그러고는 성벽을 기어오르는 왜군들을 향해 던졌지요. 온 백성이 힘을 합쳐 큰 승리를 거둔 거예요.

45 김시민 조선 * 1554~1592 은 조선의 장군이에요. 진주는 경상도에서 전라도로 통하는 길목이자 곡식이 풍부한 곳이어서 왜군은 오래전부터 진주성을 탐냈어요. 김시민 역시 임진왜란이 일어나기 전부터 화약과 총통을 만들고 군대를 훈련시키며 진주성을 튼튼히 지켰지요. 마침내 다섯 배가 넘는 왜군이 쳐들어오자 김시민은 아이와 여자들까지 군사로 변장시켜 왜군의 사기를 꺾어 놓았어요. 성 밖에 있던 의병들까지 힘을 모으자 왜군은 일주일 만에 진주성에서 물러났지요.

서산 대사 이야기

바늘로 만든 국수, 드셔 보겠소?

임진왜란이 일어나자 전국 곳곳에서 의병들이 일어났어요. 곽재우, 조헌 등 선비들을 비롯해 스님들까지 의병을 이끌었지요. 그중 서산 대사와 사명 대사는 스승과 제자 사이였답니다.

사명 대사는 도술이 높기로 소문난 서산 대사에게 자신의 도술을 선보이고 싶었어요. 사명 대사가 찾아가자, 서산 대사는 물고기가 든 어항을 내놓았어요.
"시장하실 터이니 우리 요기나 합시다."
"아니, 스님! 어찌 물고기를 죽여 살생을 하려 하십니까?"
"다시 살려 놓으면 살생이 아니지요."
잠시 후, 사명 대사가 먹고 토해 놓은 물고기는 모두 죽고 서산 대사가 토해 놓은 물고기는 살아서 어항 속을 헤엄쳤어요. 약이 오른 사명 대사는 계란을 쌓는 장기를 선보였어요. 그러자 서산 대사는 공중에서 아래로 계란을 쌓았지요. 사명 대사가 정신을 못 차리는데, 서산 대사가 점심상을 차려왔어요.
"맛있는 국수를 준비했으니 함께 듭시다."
그런데 그릇 속에 국수가 아니라 바늘이 가득한 거예요.
서산 대사는 바늘 국수를 맛있게 먹었지요. 그제서야 사명 대사는 무릎을 꿇으며 말했어요.
"스승님, 저를 제자로 삼아 주십시오."

왜장과 함께 절벽으로 떨어진 논개

46 논개 조선 * ?~1593 는 왜군 장수를 껴안고 강물로 뛰어든 기생이에요. 진주는 일본군이 매우 탐내던 곳이라 여러 차례 공격을 당했어요. 진주 대첩에서 김시민 장군에게 크게 패한 왜군은 더 많은 군사를 끌고 와 결국 진주성을 차지했어요. 촉석루에서는 승리를 축하하는 잔치가 벌어졌지요. 잔치에 불려 간 논개는 왜군 장수를 남강의 높은 바위로 유인했어요. 그리고 왜장을 껴안은 채 강물로 뛰어들었지요. **자신의 몸을 던져 왜장의 목숨을 빼앗은 거예요.** 논개가 떨어진 바위는 의로운 바위라는 뜻을 담아 '의암'이라고 불려요. 지금도 논개를 기리는 행사가 해마다 열리지요.

청나라에 맞선 임경업

47 **임경업** 조선 * 1594~1646 은 청나라에 맞서 싸운 장군이에요. 당시 중국에서는 큰 변화가 일어나고 있었어요. 여진족이 세운 청나라가 명나라를 무릎 꿇리며 대륙을 정복한 거예요. 청나라는 임금과 신하의 관계를 강요하며 병자호란을 일으켰어요. 임경업은 청나라에 맞서 싸웠지만, 조선은 끝내 청나라에 항복하고 말았답니다. **임경업의 실력을 알아본 청나라는 임경업에게 청나라를 도와 명나라를 공격할 것을 명령했어요.** 임경업은 의리를 지키기 위해 명나라를 뒤에서 몰래 도왔지요. 결국 이 일은 청나라에 알려졌고, 임경업은 비참한 죽임을 당하고 말았답니다.

퀴즈를 다 풀어야만 다음 관문으로 갈 수 있는 **황금 열쇠**를 획득할 수 있소!

✱ 고구려의 ☐☐☐☐ 장군은 살수에서 수나라 군사를 물리쳤어요.

✱ ☐☐☐☐은 고구려 최고의 권력자로 당나라에 맞서 승리를 거두었어요.

✱ ☐☐☐은 고구려 안시성에서 당나라 군대를 물리쳤어요.

✱ 신라의 장군인 ☐☐☐는 우산국을 점령해 울릉도와 독도를 우리 땅으로 만들었어요.

✱ ☐☐☐는 청해진을 설치해 해상 무역을 이끌었어요.

✱ 황산벌에서 백제의 ☐☐ 장군과 신라의 ☐☐☐ 장군이 맞붙어 싸워 결국 신라가 승리를 거두었어요.

✱ ☐☐는 고려의 외교관으로 거란과 담판을 벌여 전쟁을 막았어요.

✱ 귀주 대첩을 승리로 이끈 고려의 장군은 ☐☐☐ 이에요.

✱ ☐☐☐은 몽골의 침략에 맞서 끝까지 삼별초를 이끌었어요.

- ⭐ ☐☐ 장군은 황금을 보기를 돌같이 하라는 명언을 남겼어요.

- ⭐ 임진왜란을 승리로 이끈 ☐☐☐ 장군은 마지막 순간까지 "내 죽음을 적에게 알리지 말라."는 말을 남겼어요.

- ⭐ ☐☐ 장군은 임진왜란 때 행주 대첩에서 큰 승리를 거뒀어요.

- ⭐ 임진왜란 때 ☐☐는 왜군 장수를 껴안고 강물로 뛰어들었어요.

정답 : 을지문덕, 연개소문, 양만춘, 이사부, 장보고, 계백, 김유신, 서희, 강감찬, 배중손, 최영, 이순신, 권율, 논개

변화의 문

"나라를 망하게 하는 것은
외침이 아니라, 부정부패이니라."

 정약용

삼국의 기초를 다진 충신 을파소와 박제상

48 을파소 고구려 * ?~203 는 고구려의 재상으로 진대법을 실시했어요. 원래는 농사를 지으며 살았는데, 그 지혜로움이 왕에게 알려져 벼슬길에 올랐지요. 왕에게 "이왕 벼슬을 주실 거면, 높은 자리를 주십시오." 하고 당당하게 말했대요. 진대법은 봄에 백성들에게 곡식을 빌려주고, 추수가 끝난 가을에 갚게 하는 제도예요. 굶주림에서 벗어난 고구려 사람들은 을파소를 널리 칭송했대요.

49 박제상 신라 * 363~419 은 왕자들을 구하기 위해 목숨을 바친 신라의 충신이에요. 고구려에 잡혀 있던 왕자를 구출한 뒤, 박제상은 일본으로 향했어요. 일본 왕에게 거짓으로 충성을 맹세하며 신임을 얻었지요. 그러고는 스스로 미끼가 되어 왕자를 홀로 탈출시키고, 자신은 왜에 남아 불에 타 죽고 말았답니다. 박제상의 부인은 돌아오지 못한 남편을 기다리며 망부석이 되고 말았대요.

학문으로 나라를 바꾸리라 최치원과 최충

50 **최치원** 통일 신라 * 857~? 은 글을 잘 쓰는 학자였어요. 당나라로 유학을 떠나 과거에 합격한 최치원은 황소라는 농민이 반란을 일으키자 그를 꾸짖는 편지를 썼어요. **편지가 어찌나 훌륭한지, 황소가 깜짝 놀라 의자에서 굴러떨어질 정도였대요.** 신라로 돌아온 최치원은 10가지 개혁안을 올렸지만, 왕은 귀를 기울이지 않았어요. 실망한 최치원은 가야산에 들어가 남은 생을 보냈답니다.

51 **최충** 고려 * 984~1068 은 **고려의 재상이자 학자로 '해동공자'라고 불렸어요.** 벼슬에서 물러난 뒤, 학생들을 가르치는 데 온 힘을 쏟았지요. 당시 고려는 전쟁을 수습하느라, 교육에 신경을 쓰지 못하고 있었어요. 이를 안타깝게 여긴 최충은 자신의 재산을 털어 '9재 학당'을 세워 유학을 가르쳤어요. 이곳에서 훌륭한 학자들이 많이 탄생했대요.

개경이냐, 서경이냐! 묘청과 김부식

52 묘청 고려 * ?~1135 은 오늘날의 평양인 서경에 살던 스님으로 신통력이 있었대요. 묘청은 "**고려가 위태로운 것은 개경의 기운이 다한 탓이니, 수도를 서경으로 옮겨야 한다.**"고 주장했어요. 또한 금나라를 공격해 고려의 힘을 보여 주자고 했지요. 하지만 묘청의 계획은 점점 틀어졌고, 궁지에 몰린 묘청은 군대를 모아 난을 일으켰어요. 하지만 김부식이 이끄는 관군에게 무릎을 꿇고 말았지요.

53 김부식 고려 * 1075~1151 은 고려의 귀족으로 뛰어난 학자였어요. 금나라를 공격하자는 묘청의 주장에 거세게 반대했답니다. 금나라의 힘을 얕보고 공격하는 것은 허황된 생각이라는 거였지요. 결국 묘청이 난을 일으키자, 직접 군대를 이끌고 반란을 진압했어요. 김부식은 **우리나라에서 가장 오래된 역사책인 〈삼국사기〉를 지은 인물이기도 해요.**

고려의 권력을 내 손아귀에 최충헌과 신돈

54 최충헌 고려 * 1149~1219 은 무신 출신으로 오랫동안 권력을 차지했어요. 당시 고려의 무신들은 불만이 많았어요. 전쟁터에서 목숨을 걸고 싸우는 무신들을, 앉아서 공부만 하는 문신들이 무시했거든요. 결국 무신들은 정중부 장군을 중심으로 반란을 일으켰어요. 이후 고려는 무신들이 다스리는 나라가 되었지요. 최충헌은 왕을 자기 마음대로 바꾸며 20여 년 동안 최고 권력을 누렸답니다.

55 신돈 고려 * ?~1371 은 고려의 승려였어요. 공민왕이 왕비인 노국 공주를 잃고 슬픔에 빠져 있을 때, 공민왕을 위로하며 신뢰를 얻었지요. 공민왕은 신돈을 믿고 나라를 개혁하는 일을 맡겼어요. 신돈은 귀족들이 빼앗은 땅을 백성에게 돌려주고, 죄 없이 노비가 된 사람을 풀어 주었어요. 하지만 재물과 권력을 얻자 신돈은 점점 욕심이 생겨 제멋대로 굴기 시작했답니다. 결국 귀족들의 미움을 받아 공민왕을 모함했다는 누명을 쓴 채, 죽고 말았어요.

고려냐, 조선이냐 정몽주와 정도전

56 정몽주 고려 * 1337~1392 는 무너져 가는 고려를 지키려 했던 마지막 충신이에요. 함께 성리학을 공부한 정도전이 이성계 장군과 손잡고 새로운 나라를 만들자고 주장하자, 정몽주는 죽기 살기로 반대했어요. 오백 년을 이어 온 고려를 무너뜨리는 것은 도리가 아니라고 여겼기 때문이지요. 결국 정몽주는 이성계의 아들, 이방원에게 죽임을 당하고 말았답니다.

57 정도전 조선 * 1342~1398 은 고려를 무너뜨리고 조선을 건국하는 데 큰 공을 세운 정치가이자 학자예요. 정도전은 고려는 썩을 대로 썩은 나라이니, 백성들을 위해서는 성리학이 바로 선 새로운 나라를 만들어야 한다고 생각했지요. 결국 이성계와 이방원과 힘을 모아 조선을 세웠어요. 조선의 재상이 되어 나라의 기틀을 다졌지만, 결국 이방원의 손에 목숨을 잃고 말았답니다.

선죽교 이야기

이런들 어떠하리~ 저런들 어떠하리~

이성계 장군이 말에서 떨어졌다는 소식을 듣고, 정몽주 대감은 이성계의 집을 찾아갔어요. 아들 이방원은 정몽주를 맞이하며 시조 한 수를 읊었지요. 함께 새로운 나라 조선을 세우자며 정몽주를 설득한 거예요.

이런들 어떠하며 저런들 어떠하리 ~
만수산 드렁칡이 얽어진들 어떠하리 ~
우리도 이같이 얽혀져
　　　　백 년까지 누리리라 ~

이 몸이 죽고 죽어 일백 번 고쳐 죽어 ~
백골이 진토되어 넋이라도
　있고 없고 ~
님 향한 일편단심이야
　가실 줄이 있으랴 ~

정몽주가 이방원의 제안을 거절하자, **이방원은 작은 다리 위에서 철퇴를 휘둘러 정몽주를 죽이고 말았어요.** 정몽주가 피를 흘린 자리에서는 붉은 대나무가 자라났대요. 이후 이 다리의 이름은 '선죽교'가 되었답니다.

청백리의 상징 맹사성과 황희

58 맹사성 조선 * 1360~1438 은 높은 벼슬에 올랐지만, 청렴하고 소박하게 살며 청백리로 이름을 널리 알렸어요. 청백리란 행동이 바르고 깨끗한 관리를 일컫는 말이랍니다. 말 대신 소를 타고 다니고, 피리 연주하기를 즐겼대요. 비가 새는 초가집에서 살며, 방에는 멍석을 깔고 지낼 만큼 욕심이 없었답니다.

59 황희 조선 * 1363~1452 는 맹사성과 함께 조선의 대표적인 청백리예요. 세종을 도와 18년 동안이나 영의정을 지내며 죽기 직전까지 나랏일을 돌봤답니다. 황희는 옳고 그름이 분명했어요. 태종이 양녕 대군을 세자 자리에서 내쫓는 데 반대하다가 귀양을 살기도 했지요. 소신있게 행동하는 올곧은 신하였답니다.

청백리 이야기

주막에서 만난 노인

맹사성과 황희는 조선 청백리의 상징이에요. 백성들과 더불어 소박한 삶을 살았던 탓에, 재미있고 감동적인 이야기도 많이 남겼지요. 맹사성이 주막에서 선비를 만난 이야기, 한번 들어 볼까요?

단종을 지킨 성삼문 단종을 버린 신숙주

60 성삼문 조선 * 1418~1456 은 서당 한 번 다니지 않고 장원 급제를 할 만큼 학문이 뛰어났어요. 집현전에서 연구하며 세종이 훈민정음 만드는 것을 도왔지요. 수양 대군이 어린 단종을 쫓아내고 왕이 되자 다시 단종을 왕으로 세울 계획을 짰답니다. 하지만 결국 실패해 끔찍한 고문 끝에 세상을 떠나고 말았지요. 죽음을 앞두고 그는 당당하게 말했어요. **"충신은 두 임금을 섬기지 않는다."**

61 신숙주 조선 * 1417~1475 는 집현전에서 성삼문과 함께 많은 책을 펴낸 학자였어요. 신숙주는 왕의 힘이 강해야 나라가 부강해진다고 생각했어요. 그래서 **어린 단종을 몰아내고 수양 대군이 왕이 되는 것을 도왔지요.** 그 후 높은 벼슬에 오르며 왕과 사돈까지 맺었답니다. 집현전 학자들은 이런 신숙주를 배신자라 손가락질했어요. 맛이 잘 변하는 숙주나물은 신숙주의 이름에서 따왔다는 이야기가 전해지지요.

사육신 이야기

충신은 두 임금을 섬기지 않는다

수양 대군은 조카인 단종을 몰아내고 왕이 되었어요. 세종에게 어린 단종을 지켜 달라는 부탁을 받은 온 집현전 학자들은 수양 대군에 맞서 다시 단종을 왕위에 올릴 계획을 세웠어요. 명나라 사신을 맞이하는 잔치가 창덕궁에서 열릴 때, 왕을 지키는 무사에게 세조를 죽이라고 한 거예요. 하지만 계획이 새어 나가 이들은 무시무시한 고문 끝에 목숨을 잃고 말았답니다. 성삼문, 박팽년, 하위지, 이개, 유성원, 유응부. 이들은 죽음으로 충성을 지킨 여섯 신하라는 뜻에서 '사육신'이라 불려요. 세조의 그늘에서 벼슬하는 것을 거부하며 의리를 지킨 신하들도 있어요. 평생을 숨어 살며 단종의 죽음을 안타까워한 사람들이지요. 김시습을 비롯한 여섯 명의 신하들은 '생육신'이라고 해요.

조선 성리학을 이끈 이황과 이이

62 이황 조선 * 1501~1570 은 조선의 대표적인 유학자예요. 높은 관직을 두루 거치며 나랏일을 맡았지만, 부정부패와 정치 싸움에 질려 관직을 내려놓고, 고향에 내려와 도산 서당을 지었답니다. 이황에게 배우기 위해 전국에서 수백 명의 학생들이 몰려들었지요. 이황은 **"글을 배우는 것은 마음을 바르게 하기 위함이다."** 라고 강조했대요. 고향 사람들은 이황의 높은 뜻을 기리기 위해 서당이 있던 자리에 도산 서원을 세웠답니다.

63 이이 조선 * 1536~1584 는 신사임당의 아들이자 유명한 유학자예요. 무척 똑똑해서 아홉 번이나 장원 급제를 했지요. 임진왜란이 일어날 무렵, **나라가 위기에 처할 것을 짐작하고 10만 명의 군사를 키워야 한다고 주장했답니다.** 왕이 어떤 사람을 관직에 등용해야 할지 묻자, "전하에게 충성하는 사람은 피하고 자기 일에 충성하는 사람을 가까이하십시오." 라고 권했대요. 권력자에게 휘둘리지 않고 자기 일에 최선을 다하는 선비였지요.

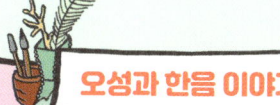
오성과 한음 이야기

감나무는 누구의 것?

오성과 한음은 조선의 선비로, 둘 다 최고 벼슬인 영의정을 지냈어요. 오성의 이름은 이항복, 한음의 이름은 이덕형이지요. 두 사람은 다섯 살 나이 차에도 불구하고 평생을 친구로 지내며 재미있는 이야기들을 남겼답니다.

새로운 사회를 꿈꾼 실학자 **박지원**과 **정약용**

64 박지원 조선 * 1737~1805 은 조선의 학자예요. 청나라를 방문했다가 앞선 문물을 보고 충격을 받아 〈열하일기〉라는 기행문을 집필했지요. 청나라의 문물을 받아들이고 **상업과 공업을 발전시켜야 조선도 부강한 나라가 될 수 있다고 주장한 거예요.** 하지만 당시 조선에는 명나라를 섬기고, 청나라를 얕잡아 보는 사람들이 많았어요. 그래서 박지원의 주장은 쉽게 받아들여지지 않았지요. 〈양반전〉, 〈허생전〉 등의 소설을 통해 겉치레만 중시하는 양반들을 꼬집기도 했어요.

65 정약용 조선 * 1762~1836 은 조선 최고의 학자로 손꼽혀요. 한강에 배다리도 놓고, 수원 화성도 설계하는 등 다양한 영역에서 재능을 펼쳤지요. 거중기를 발명해 10년이 걸릴 공사를 2년 만에 마쳤답니다. 정약용을 시기하던 사람들은 정약용이 천주교 신자라며 멀리 귀양을 보냈어요. 정약용은 **귀양살이 동안 쉼 없이 학문을 닦으며 무려 500권이 넘는 책을 남겼답니다.** 〈목민심서〉, 〈흠흠신서〉, 〈경세유표〉 등도 모두 이때 쓴 책이에요.

위정척사 최익현 급진 개화 김옥균

66 최익현 조선 * 1833~1906 은 서양 세력과 교류하는 것을 반대한 대표적인 인물이에요. 1800년대에 접어들면서, 서양의 배들은 자유롭게 우리나라 항구를 드나들기 시작했어요. 신기한 물건도 많이 들어왔지요. 하지만 최익현 등 성리학을 공부한 학자들은 개항을 반대하며 우리 것을 지키자고 주장했어요. 최익현은 꼿꼿한 성품 탓에 관직에서 내쫓기거나 귀양살이를 하는 일도 많았어요. 강제로 을사조약이 체결되자 조약이 무효임을 주장하며 의병을 일으켰지요. 하지만 관군과 맞서게 되자, 같은 민족끼리 싸울 수 없다며 스스로 붙잡혀 일본의 감옥에서 삶을 마감했답니다.

67 김옥균 조선 * 1851~1894 은 젊어서는 성리학을 공부했지만, 벼슬길에 오르면서 뜻을 같이하는 사람들과 개화파를 만들었어요. 일본이 조선을 앞질러 발전한 것은 서양 문물을 받아들였기 때문이라고 생각했지요. "조선이 발전하려면 신분에 상관없이 인재를 뽑고, 서양의 문물도 받아들여야 합니다."
그래서 김옥균, 박영효 등 개화파들은 우정국이 생긴 것을 기념하는 잔치에서 '갑신정변'을 일으켜 새로운 정부를 세웠어요. 하지만 청나라의 공격으로 새 정부는 3일 만에 문을 닫고 말았지요. 그 뒤 조선에서 도망쳐 일본과 중국을 떠돌던 김옥균은 자객에게 죽임을 당했답니다.

퀴즈를 다 풀어야만 다음 관문으로 갈 수 있는 **황금 열쇠**를 획득할 수 있소!

★ ☐☐☐ 는 고구려의 재상으로 진대법을 실시했어요.

★ 고려의 ☐☐ 은 9재 학당을 세워 유학을 가르쳤어요.

★ 고려의 스님인 ☐☐ 은 수도를 서경으로 옮기자고 주장했어요.

★ ☐☐☐ 은 고려의 귀족이자 학자로 삼국사기를 지었어요.

★ ☐☐☐ 은 무신 출신으로 20여 년 동안 권력을 쥐었어요.

★ 승려인 ☐☐ 은 공민왕의 신뢰를 얻어 개혁을 이끌었지만, 결국 실패하고 말았어요.

★ 고려의 충신 ☐☐☐ 는 이성계와 이방원에 맞서며 고려를 지키려 했지만, 결국 목숨을 잃고 말았어요.

★ ☐☐☐ 은 이성계를 왕으로 세워 새로운 나라 조선을 세우는 데 앞장 선 인물이에요.

★ ☐☐☐ 과 ☐☐ 는 조선 청백리의 상징이자, 세종 시대의 재상으로 유명해요.

✿ 성삼문, 박팽년 등 수양 대군이 조카인 단종을 몰아내고 왕이 되는 데 반대하며 목숨을 내놓은 여섯 명의 신하를 ☐☐☐ 이라고 해요.

✶ 우리나라 천 원 지폐에는 ☐☐ 이, 오천 원 지폐에는 ☐☐ 가 그려져 있어요.

✶ 조선 최고의 학자로 손꼽히는 ☐☐☐ 은 거중기로 수원 화성을 짓고, 무려 500여 권의 책을 집필했어요.

✿ ☐☐☐ 은 개화파를 이끌고 갑신정변을 일으켰어요.

정답 : 을파소, 최충, 묘청, 김부식, 최충헌, 신돈, 정몽주, 정도전, 맹사성, 황희, 사육신, 이황, 이이, 정약용, 김옥균

예술의 문

"생생한 삶의 모습을 한 폭 그림으로 남기리라." 김홍도

거문고를 만든 왕산악 가야금을 만든 우륵

68 **왕산악** 고구려 * ?~? 은 거문고를 만든 고구려의 음악가예요. 중국 악기인 칠현금을 고쳐 여섯 줄 명주실과 술대로 소리를 내는 거문고를 탄생시켰지요. 왕산악은 100곡이 넘는 노래를 지었는데, 그가 연주하는 **거문고 소리는 깊고 웅장하여 그 가락을 듣고 검은 학이 날아와 춤을 출 정도였대요.** 거문고는 고구려인의 기상을 담아 묵직하고 깊은 소리를 낸답니다.

69 **우륵** 가야 * ?~? 은 가야금을 만든 사람이에요. 어려서부터 풀잎으로 연주를 할 만큼 재능이 뛰어났지요. 가야의 왕은 우륵에게 **"백성들의 마음을 한데 모을 악기를 만들라."**고 명했어요. 우륵은 나무를 베어 12개의 명주실을 달아 맑고 단아한 소리가 나는 가야금을 만들었지요. 가야의 힘이 약해지자 우륵은 신라로 옮겨 가 가야금 소리의 아름다움을 널리 알렸답니다.

 **백결 선생 이야기**

거문고로 만든 떡방아 소리

옛날에 거문고 연주로 으뜸가는 사람이 있었어요.
어찌나 가난한지 옷을 백 군데나 기워 입어 '백결 선생'이라고 불렸지요.
백결 선생에게는 신기한 재주가 있었어요. 슬픔, 기쁨, 분노, 행복 같은 사람의
모든 감정을 거문고 소리에 담을 수 있었지요. 백결의 거문고 가락은 소리가
아름다울 뿐 아니라 듣는 사람의 마음까지 달래 주었다고 해요.
설날을 앞둔 어느 날, 백결 선생의 아내는 한숨을 쉬었어요.
"다른 집은 떡을 찧느라 방아 소리가 요란한데 우리 집은 쌀 한 톨 없구려."
그러자 백결은 거문고로 방아 찧는 소리를 내어 아내를 위로했대요.
그런데 이 소리가 슬프기는커녕 어찌나 흥겨운지 아내는
덩실덩실 춤까지 추었답니다.

시조 하면 윤선도 가사 하면 정철

70 윤선도 조선 * 1587~1671 는 걸핏하면 벼슬에서 쫓겨나 유배를 갔어요. 유배지에서 보낸 시간만 20년이 넘지요. 하지만 유배지 생활이 힘들기만 한 것은 아니었어요. 아름다운 자연을 벗삼아 수많은 시를 남겼으니까요. 바닷가 사계절의 아름다움과 멋을 노래한 〈어부사시사〉, 나무와 달 등 소박한 자연의 멋과 풍류를 담은 〈오우가〉가 유명해요.

71 정철 조선 * 1536~1593 은 가사 문학의 대가예요. 가사는 조선 시대에 유행했는데, 이야기처럼 길게 쓴 시를 말해요. 정철은 강원도와 전라도 등에서 관리로 지내며 백성들을 살폈어요. 그리고 그곳에서 아름다운 자연을 주제로 멋진 기행문을 지었지요. 〈성산별곡〉, 〈관동별곡〉, 〈사미인곡〉 등 수많은 작품을 남겼답니다. 가사마다 임금과 백성에 대한 사랑, 자연의 아름다움을 담았지요.

김삿갓 이야기

삿갓 쓰고 노래한 떠돌이 시인

방랑 시인 '김삿갓'의 이름은 김병연이에요. 어려서부터 시를 잘 지었는데, 홀어머니의 바람대로 과거 시험에서 장원 급제를 했지요. 시험 문제는 '홍경래의 난'이었어요. 홍경래에 맞서 싸우다 죽은 정가산과 싸움을 포기하고 항복한 김익순에 대한 문제였지요. 김병연은 '정가산은 빛나는 충신이고, 김익순은 비겁자'라고 글을 지어 1등을 했답니다.
하지만 소식을 들은 어머니는 기뻐하기는커녕 눈물만 뚝뚝 흘렸어요.
"김익순이 바로 너의 할아버지란다!" 김병연은 큰 충격을 받았어요. 할아버지를 욕보이는 글로 1등을 한 것이 부끄러웠지요.
"나는 하늘을 올려다볼 수 없는 죄인이오."
그때부터 김병연은 큰 삿갓에 지팡이를 짚고 조선 팔도를 떠돌며 인생에 대한 수많은 시를 남겼답니다. 그 뒤 사람들은 김병연을 '김삿갓'이라고 불렀대요.

조선 풍속화의 천재들 김홍도와 신윤복

72 김홍도 조선 * 1745~1806? 는 어려서부터 그림을 좋아했어요. 나무, 꽃, 새 등 만나는 것마다 무엇이든 그렸지요. 그러다 유명한 화가인 강세황의 눈에 띄어 그림 공부를 시작했답니다. 그리고 그림 그리는 일을 맡아보는 관청인 도화서의 화원이 되었지요. 그곳에서 김홍도는 최고의 실력을 자랑했어요. 무엇이든 가리지 않고 뚝딱뚝딱 잘도 그렸지요. 왕과 세자의 초상화까지 김홍도의 몫이 되었답니다.

하지만 김홍도는 풍속화를 그리는 일이 가장 즐거웠어요. **빨래하는 사람, 대장간에서 일하는 사람 등 백성들의 평범한 생활이 모두 그의 그림이 되었지요.** 〈서당〉, 〈씨름도〉, 〈투견도〉 등은 보기만 해도 웃음이 나는 다정하고 해학적인 그림이랍니다.

73 **신윤복** 조선 * 1758~? 은 김홍도와 함께 조선의 대표 풍속 화가로 손꼽혀요. 〈미인도〉라는 그림으로 유명하지요. 신윤복은 도화서 화원의 집안에서 태어나 어릴 때부터 마음껏 그림 공부를 할 수 있었어요. 아버지의 뒤를 이어 도화서에 들어간 뒤에는 평생의 스승이자 다정한 친구인 김홍도를 만났지요. 김홍도가 백성들의 생활을 재미있게 그렸다면, 신윤복은 양반들이 노는 모습이나 남녀 간의 사랑을 섬세하게 그리는 것을 좋아했어요. 빨강, 노랑, 파랑 등 화려한 색을 많이 사용했지요. 하지만 엄격한 유교 사회인 조선에서 신윤복의 그림은 크게 환영 받지 못했어요.

추사체의 창시자 **김정희** 최고의 명필 **한석봉**

74 김정희 조선 * 1786~1856 는 '추사체'라는 독특한 글씨체를 만든 학자예요. 글씨뿐 아니라 그림에도 재주가 뛰어났지요. 곧은 성품 탓에 여러 번 유배를 떠났는데, 그곳에서 **삼국 시대부터 내려오는 글씨체를 연구해 '추사체'를 만들었어요.** 김정희는 열 개의 벼루에 구멍이 나고, 천 자루가 넘는 붓이 닳아 없어질 때까지 글씨를 갈고 닦았다고 해요.

75 한석봉 조선 * 1543~1605 은 추사 김정희와 함께 우리나라에서 가장 이름난 서예가로 손꼽혀요. 원래 이름은 한호이지만 '석봉'이라는 호를 붙인 이름, 한석봉으로 더 익숙하지요. 나라의 중요한 문서 작성을 도맡았고, 도산 서원 등 유명한 서원의 현판도 썼어요. 한석봉의 힘 있는 글씨를 본 명나라 학자들은 **"성난 사자가 돌을 헤치는 것 같다."** 며 칭찬했대요.

한석봉 이야기

나는 떡을 썰 테니, 너는 글씨를 써라

한석봉은 떡장사를 하는 홀어머니 밑에서 가난하게 자랐어요.
종이 살 돈이 없어 돌이나 항아리에 맹물로 글씨 연습을 했지요.
한석봉은 절에 들어가 10년을 공부하겠다고 어머니께 약속을
했어요. 하지만 10년을 채우지 못하고 내려왔지요.
"어머니, 사람들이 제 글씨가 너무 훌륭해서 더 이상 공부할
필요가 없다고 합니다." 그러자 어머니는 등잔불을 끄고 말했어요.
**"명필은 어둠 속에서도 한 치의 흔들림이 없는 법이다.
네가 글을 쓸 동안 나는 떡을 썰겠다."**
잠시 후 등잔불을 켰을 때 한석봉은 부끄러워 얼굴을 들지 못했어요.
어머니의 떡은 가지런했지만, 자신의 글씨는 엉망이었기 때문이에요.
한석봉은 다시 절로 들어가 남은 공부를 마쳤답니다.

한글 소설의 시대를 열다
홍길동전 허균 구운몽 김만중

76 허균 조선 * 1569~1618 은 우리나라 최초의 한글 소설, 〈홍길동전〉을 쓴 사람이에요. 〈홍길동전〉은 백성들에게 큰 인기를 얻었어요. 누구나 읽기 쉽게 한글로 쓴 데다, 제 욕심만 채우는 관리들을 흉보는 내용을 담았으니 통쾌함이 절로 느껴졌지요.

허균은 **새롭고 다양한 문화를 스스럼없이 받아들이고, 친구를 사귀는 데도 신분을 따지지 않았어요.** 결국 유교만 중시하던 선비들의 눈 밖에 나 죽임을 당했지만 그의 정의로운 사상은 많은 사람들에게 힘을 주었어요.

77 **김만중** 조선 * 1637~1692 은 〈구운몽〉을 쓴 작가로, 높은 관직을 두루 지냈어요. 옳고 그름이 분명해서 임금의 잘못을 따져 묻다가 오랫동안 유배를 떠났지요.

김만중은 소문난 효자였는데 유배지에서도 홀로 계실 어머니 생각에 마음이 편치 않았어요. 그때 어머니를 위로하려고 지은 이야기가 바로 〈구운몽〉이에요. **인간의 부귀영화는 하룻밤 꿈에 지나지 않는다는 가르침을 담았는데, 당시로는 드물게 한글로 쓴 소설이었어요.** 〈사씨남정기〉는 숙종의 부인 장 희빈과 인현 왕후의 다툼을 빗대 쓴 이야기였지요. 김만중이 유배지에서 세상을 떠난 뒤, 숙종은 그제서야 자신의 잘못을 깨닫고 김만중의 관직을 되돌려 주었다고 해요.

조선의 여성 예술인
허난설헌과 신사임당

78 **허난설헌** 조선 * 1563~1589 은 유명한 여성 시인으로 허균의 누나예요. 어릴 때부터 신동이라 불릴 만큼 글재주가 뛰어났지요. 허난설헌은 자신의 시를 널리 알리고 싶었어요. 하지만 조선은 여성이 꿈을 펼치기 힘든 나라였답니다. 뿌리 깊은 남녀 차별 때문이었지요. **결국 허난설헌은 재능을 제대로 펼치지 못한 채 스물일곱의 나이로 세상을 떠났어요.** 동생 허균은 누나의 시를 모아 중국에서 시집을 펴냈는데, 중국의 학자들은 '조선 최고의 여성 시인'이라며 칭찬을 아끼지 않았대요.

으아~ 누님 귀신인가? 누님, 제가 누님 시집을 냈어요. 보세요!

어머, 그러니? 다들 기특하구나.

지금은 여성들도 당당하게 살고 있다고요~

79 신사임당 조선 * 1504~1551 은 조선의 예술가이자 율곡 이이의 어머니예요. 시와 글씨는 물론이고 그림 솜씨 또한 뛰어났어요. **풀벌레 그림을 그려서 말리려고 내놓으면 닭이 진짜 벌레인 줄 알고 쪼려 들 정도였다지요.** 어질고 총명한 어머니 밑에서 자란 신사임당의 일곱 자녀는 모두 훌륭하게 자랐대요. 그 가운데 이름을 널리 알린 이가 바로 율곡 이이였지요. 훗날 율곡 이이는 지혜롭고 재능이 많았던 어머니에 대한 이야기를 여러 책에 담아 세상에 알렸답니다.

조국을 위한 시
김소월, 윤동주, 한용운, 이육사

80 김소월 일제 강점기 * 1902~1934 은 우리 나라 사람이 가장 좋아하는 시인 중 한 사람이에요. **우리 민족의 전통적인 정서를 담은 시들은 수많은 노래로 만들어져 지금까지도 사랑받고 있지요.** 나라 잃은 민족의 아픔을 섬세하고 다정한 말투로 담았답니다. 〈엄마야 누나야〉, 〈진달래꽃〉, 〈산유화〉 등 이름만으로도 유명한 시들을 남겼지만, 서른셋 젊은 나이에 세상을 떠났어요.

81 윤동주 일제 강점기 * 1917~1945 는 일본에서 문학을 공부하던 중 일본 경찰에게 잡혀 감옥살이를 했어요. 광복을 몇 달 앞둔 1945년 2월, 스물여덟 꽃다운 나이로 안타깝게 숨을 거두고 말았지요. 광복 후 윤동주의 시집 〈하늘과 바람과 별과 시〉가 세상에 나왔어요. **어두운 시대를 살면서도 순수함을 잃지 않았던 시인의 마음과 나라를 잃은 슬픔이 고스란히 담겨 있지요.**

82 **한용운** 일제 강점기 * 1879~1944 은 승려이자 시인이에요. 불교에서 정한 호는 '만해'. 그래서 만해 한용운이라고 불리지요. 한용운은 3·1 운동 때 민족 대표 33인으로 참여해 독립 선언서를 발표했어요. 불교를 통해 민족 의식을 높이며 독립운동을 펼쳤지요. 그는 많은 글을 집필했는데, 그중 〈님의 침묵〉은 민족에 대한 사랑과 일본에 대한 저항을 담은 시로 많은 사랑을 받았어요.

83 **이육사** 일제 강점기 * 1904~1944 의 원래 이름은 이원록이에요. 그는 감옥에 있을 때 받은 죄수 번호 264를 광복이 될 때까지 이름으로 쓰겠다고 다짐했지요. 조선의 독립을 꼭 보고야 말겠다는 의지가 그만큼 컸던 거예요. 〈절정〉, 〈청포도〉, 〈광야〉 등의 시는 광복을 꿈꾸는 사람들에게 큰 용기를 주었어요. 하지만 광복을 한 해 앞두고 중국 베이징의 감옥에서 쓸쓸히 눈을 감고 말았지요.

암울한 시대, 예술 이야기

일제 강점기 예술가들의 빛과 그림자

자신만의 시를 지은 이상

이상(1910~1937)은 시인이자 소설가예요. 그가 쓴 시와 소설은 이전 것과 완전히 달랐어요. 시에 수학 기호를 쓰는 등 누구도 흉내 낼 수 없는 자신만의 형식을 만들었지요. 그의 시가 해괴하다며 따지는 사람도 많았답니다. 폐결핵에 걸려 스물일곱 살, 젊은 나이에 생을 마감했지만 〈날개〉, 〈오감도〉 등 그가 시도한 새로운 글쓰기는 우리 문학을 한 단계 발전시켰어요.

변절한 소설가 이광수

이광수(1892~1950)는 소설 〈무정〉이 신문에 소개되면서 널리 이름을 알렸어요. 독립운동에 뛰어들어 2·8 독립 선언서를 쓰고, 임시 정부의 기관지인 〈독립신문〉에도 글을 썼지요. 하지만 일본 경찰에 잡혀가 모진 고생을 하고 난 뒤부터 일제를 찬양하는 글을 쓰기 시작했어요. 젊은 학생들에게 일본을 위한 전쟁에 나서라고 부추기기도 했지요.

소를 그린 화가 이중섭

이중섭(1916~1956)은 세상을 떠난 뒤, 사람들의 인정을 받은 화가예요. 종이 살 돈이 없어 담뱃갑이나 책, 심지어 널빤지까지 그릴 수 있는 곳이라면 어디에든 그림을 그렸지요. 소, 복숭아, 물고기, 어린이, 가족 등은 이중섭이 즐겨 그리던 것들이에요. 그의 그림이 마음을 따뜻하게 하는 건 가족에 대한 그리움이 담겨 있기 때문일 거예요.

아리랑을 찍은 나운규

나운규(1902~1937)는 1920년대에 영화 〈아리랑〉으로 많은 사람들에게 감동을 준 영화인이에요. 3·1 운동에 참여해 독립운동을 펼치던 나운규는 고통받는 농촌의 현실을 영상으로 담아 사람들에게 위로를 전했지요. 그가 제작한 영화는 우리나라 최초의 유성 영화였어요. 영화에서 배우의 목소리가 들리는 건 처음 있는 일이었지요.

역사 인물 퀴즈

✦ 거문고는 ☐☐☐ 이, 가야금은 ☐☐ 이 만들었다고 전해져요.

✦ ☐☐☐ 는 <어부사시사>, <오우가> 등의 시조를 남겼어요.

✦ 방랑 시인 김삿갓의 이름은 ☐☐☐ 이에요.

✦ 풍속화로 유명한 ☐☐☐ 는 <서당>, <씨름도> 등 서민들의 생활 모습을 담은 그림을 많이 그렸어요.

✦ ☐☐☐ 는 추사체라는 독특한 글씨체를 만들었어요.

✦ ☐☐☐ 의 원래 이름은 한호로 도산 서원의 현판을 썼어요.

✦ ☐☐ 은 우리나라 최초의 한글 소설인 <홍길동전>을 지었어요.

✦ <구운몽>, <사씨남정기> 의 작가는 ☐☐☐ 이에요.

✦ ☐☐☐☐ 은 허균의 누나로 아름다운 시를 남겼어요.

✦ 이이의 어머니인 ☐☐☐☐ 은 어진 어머니이자, 뛰어난 예술가로 이름이 높아요.

✡ ☐☐☐ 은 <진달래꽃>, <엄마야 누나야> 등의 시를 지었어요.

✡ <하늘과 바람과 별과 시> 라는 시집을 남긴 ☐☐☐ 는 나라를 잃은 슬픔을 자신의 시에 담았어요.

✡ 시인이자 소설가인 ☐☐ 은 시에 수학 기호를 쓰는 등 독특한 형식의 글쓰기로 우리 문학을 발전시켰어요.

✡ ☐☐☐ 는 최초의 유성 영화인 <아리랑>의 감독이에요.

정답 : 왕산악, 우륵, 윤선도, 김병연, 김홍도, 김정희, 한석봉, 허균, 김만중, 허난설헌, 신사임당, 김소월, 윤동주, 이상, 나운규

정의의 문

"목숨이 하나라는 게 내 유일한 슬픔이다."

암행어사 출두야! 박문수

84 박문수 조선 * 1691~1756 는 암행어사 이야기로 유명한 인물이에요. 암행어사는 임금의 명령을 받아 전국을 다니며 백성들을 살피고 나쁜 관리들을 벌주는 관리예요. 백성들은 청렴하고 강직한 박문수가 나쁜 관리들을 혼쭐내기를 바랐답니다. 누구보다 백성들의 마음을 잘 헤아린 박문수는 흉년이 들어 백성들이 굶주릴 때면 자기 집 창고까지 열어 곡식을 나누어 주었대요.

전 재산을 털어 제주도를 구한 김만덕

85 김만덕 조선 * 1739~1812 은 제주도의 상인이에요. 어릴 때 부모를 잃고 남의 집에서 부엌일을 거들며 살았어요. 어른이 되어서는 장사를 시작했는데, 눈썰미와 장사 수완이 매우 뛰어났어요. 전라도에서 많이 나는 쌀을 사다 제주도에 팔고, 제주도에서만 나는 특산물을 전라도에 팔아 큰돈을 벌었지요. 제주도에 긴 흉년이 들어 사람들이 굶어 죽자, 김만덕은 자신의 재산을 탈탈 털어 육지에서 쌀을 사들였어요. 그러고는 쌀을 섬 사람들에게 나누어 주었지요. 소식을 들은 정조는 김만덕의 선행을 크게 칭찬했답니다.

농민 봉기 홍경래 녹두 장군 전봉준

86 홍경래 조선 * 1771~1812 는 평안도 사람으로 농민 봉기를 이끌었어요. 평안도는 중국 국경과 맞닿은 곳이었는데, 부패한 관리들이 많았어요. **흉년이 들어 먹고살 길이 막막해진 농민들은 더 이상 참을 수 없다며 홍경래를 중심으로 똘똘 뭉쳐 일어났지요.** 농민군은 한때 평안도를 점령할 정도로 기세가 대단했지만, 결국 관군에게 밀려 패배했답니다.

87 전봉준 조선 * 1855~1895 은 동학 농민 운동을 이끈 인물이에요. **몸집이 작아 '녹두 장군'이라고 불렸지요.** 당시 전라도 고부의 군수 조병갑은 백성들을 돌보기는커녕 온갖 핑계로 돈과 곡식을 빼앗기 바빴어요. 아버지가 조병갑에게 맞아 죽자, 전봉준과 농민들은 관청으로 쳐들어갔어요. 이후 농민들의 봉기는 불길처럼 퍼져 나가며 큰 세력을 이루었어요.

동학 농민 운동 이야기

죽창을 들고 일본에 맞선 농민들

동학 농민 운동에 참여한 사람들은 대나무를 잘라 만든 죽창을 들고 싸웠어요. 관군과 일본군은 대포와 신식 무기로 농민들을 공격했지요. 하지만 농민들은 물러서지 않았어요. 백성이 주인이 되는 살기 좋은 세상을 만들고 싶었으니까요. 하지만 동학 농민 운동은 실패하고 전봉준은 처형되고 말았어요. 슬픔에 빠진 사람들은 애달픈 마음을 담아 노래를 지었답니다.

〈새야 새야 파랑새야〉에서 녹두 꽃은 전봉준을, 청포 장수는 백성을 뜻해요. 농민들은 이 노래를 부르며 서로를 위로했어요. 아이들도 동학군을 따라갔다 돌아오지 못한 아버지를 그리워하며 이 노래를 불렀지요. 동학 농민 운동에 참여했던 사람들은 훗날 의병이 되어 항일 투쟁 활동에 몸을 던졌어요.

착한 도둑도 있나요? 임꺽정, 장길산, 홍길동

긴급 수배
이름 : 임꺽정
죄목 : 양반집과 관청에서 곡식을 훔쳐 백성들에게 막 나눠 줌.
특징 : 기골이 장대함. 털보. 관군을 잘 속임.
출몰지 : 구월산 일대
포상금 : 천 냥

한 냥이 이천 원 정도였다니까, 천 냥이면...!

88 임꺽정 조선 * ?~1562 은 어릴 때부터 힘이 무척 세고 씩씩했대요. 백성들을 괴롭히는 관리들을 혼내 주려고 뜻을 같이하는 사람들을 이끌고 구월산으로 들어갔지요. **관리와 양반들이 백성들에게 빼앗은 곡식과 돈을 다시 훔쳐 와 가난한 사람들에게 나눠 주었답니다.** 임꺽정은 꾀가 많아 쉽게 잡히지 않다가 결국 붙잡혀 죽임을 당했어요. 하지만 백성들의 마음에는 의로운 영웅으로 남았지요.

89 **장길산** 조선 * ?~? 은 도둑 무리의 우두머리였어요. 원래는 광대였는데, 10년 넘게 황해도와 평안도를 누비며 도둑질을 해서 나라에서 골머리를 앓았지요. 금강산에서 반란을 꾸민다는 소문까지 전해지자 당시 임금이던 숙종은 애가 탔어요. 상금으로 큰돈을 걸고 장길산을 잡아 오라 명령을 내렸지요. 하지만 **힘도 세고 날쌔기로 유명했던 장길산은 끝내 잡히지 않았답니다.**

90 **홍길동** 조선 * ?~? 은 실제 있었던 인물이기도 하지만 소설의 주인공으로 더 잘 알려져 있어요. 아버지는 양반이었지만, **어머니가 노비라는 이유로 차별을 받았지요.** 서자라는 이유로 뜻을 펴지 못하자, 홍길동은 자신의 처지를 한탄하며 집을 나와 도적이 되었어요. 백성들을 괴롭히는 탐관오리를 벌하고 가난한 백성을 도왔지요.

을사조약의 두 얼굴 이완용과 민영환

이제 세계는 일본의 것이 될 거야! 그러니까 나도 일본에 붙어먹을 거야!

91 이완용 조선 * 1858~1926 은 일본이 우리나라를 침략해 지배하기까지 결정적인 역할을 한 최악의 매국노예요. 1905년, 이토 히로부미가 총칼로 무장한 일본군을 이끌고 와 을사조약을 강요하자, 일본 편에 선 조선의 대신 다섯 명은 왕을 대신해 이 조약에 서명을 했지요. 이들을 '을사오적'이라고 부르는데, 이완용은 그중 핵심 인물이었어요. 이완용은 고종이 헤이그에서 열리는 만국 평화 회의에 특사를 보내자, 이를 빌미로 고종을 황제의 자리에서 물러나게 했어요. **1910년에는 한일 병합 조약을 이끌어 우리나라를 일본의 손아귀에 쥐어 주고, 일본으로부터 귀족의 작위까지 받았답니다.** 죽는 순간까지 일본 편에서 떵떵거리며 살았고, 호화로운 장례식까지 치렀지요.

92 민영환 조선 * 1861~1905 은 을사조약에 반대하며 스스로 목숨을 버렸어요. 그는 명성황후의 조카로 일찍이 벼슬길에 올라 나라의 중요한 일을 두루 맡았어요. 서양의 여러 나라와 교류하며 일찍이 미국과 유럽을 다녀왔지요. 을사조약이 강제로 체결되자, **민영환은 울분을 참지 못하고 '동포에게 남기는 글'을 남긴 채 스스로 목숨을 끊고 말았답니다.** 민영환의 죽음이 알려지자 온 나라는 슬픔에 빠졌어요. 그리고 전국 곳곳에서는 의병이 일어나 항일 운동이 거세게 불붙기 시작했지요.

침략자 일본의 심장을 쏴라!
안중근, 나석주, 이봉창, 윤봉길

93 **안중근** 일제 강점기 * 1879~1910 은 우리나라 침략의 원흉인 이토 히로부미를 사살하고 순국한 독립운동가예요. 1909년, **중국 하얼빈 역에서 이토 히로부미에게 총을 쏘고 씩씩하게 대한 독립 만세를 불렀어요.** 재판장에서도 당당하게 말했지요. "나는 대한민국의 의병장으로 적을 쏜 것이니, 일본 법이 아닌 국제법으로 처벌하라." 그 모습이 어찌나 꿋꿋한지 일본인 재판관도 감탄할 정도였대요.

94 **나석주** 일제 강점기 * 1892~1926 는 동양 척식 주식회사에 폭탄을 던진 독립운동가예요. 동양 척식 주식회사는 일본이 조선의 땅과 자원을 빼앗기 위해 세운 회사였지요. 나석주는 폭탄을 던진 뒤 **일본 경찰에게 포위되자, 결국 총으로 자신을 쏘고 말았어요.** 그는 의열단으로 활동하며 평생을 독립운동에 헌신했어요. 의열단은 일본의 높은 관리를 죽이거나 일본이 세운 중요한 기관을 폭파하기 위해 만들어진 독립운동 단체였답니다.

95 **이봉창** 일제 강점기 * 1901~1932 은 일본 천황 암살을 시도한 독립운동가예요. 그는 상하이 임시 정부에서 김구 선생에게 말했어요. "저에게 폭탄 하나만 주십시오. 제가 일본 천황을 처벌하겠습니다." 일본 왕의 행렬이 있던 날, 이봉창은 왕을 향해 수류탄을 던졌어요. 수류탄은 마차를 비껴가고 말지만, 그의 용기는 우리 민족에게 큰 희망을 주었답니다.

96 **윤봉길** 일제 강점기 * 1908~1932 은 일본의 관리들을 향해 폭탄을 던진 독립운동가예요. 1932년, 상하이 훙커우 공원에서는 일본 천황의 생일과 전쟁 승리를 기념하는 행사가 벌어지고 있었어요. 윤봉길은 행사장을 향해 물통 폭탄을 던지며 "대한 독립 만세!"를 소리 높여 외쳤어요. 수많은 일본군 장교와 관리들이 목숨을 잃거나 크게 다쳤지요.

우리가 기억해야 할 여성 독립운동가
윤희순, 남자현, 김마리아, 유관순

97 **윤희순** 일제 강점기 * 1860~1935 은 최초의 여성 의병장이에요. 부인들과 힘을 합쳐 의병 활동을 지원하고 〈의병가〉를 지어 용기를 북돋우기도 했지요. **1910년 일본에 나라를 빼앗긴 뒤, 윤희순은 마을의 의병들과 가족들을 이끌고 만주로 건너갔어요.** 그곳에서 학교를 세워 독립운동가를 양성하고, 군사 훈련에 힘쓰며 마지막 순간까지 독립운동을 펼쳤지요.

98 **남자현** 일제 강점기 * 1872~1933 은 의병장이었던 남편이 죽자, 아들과 함께 중국으로 건너가 독립운동을 시작했어요. 남자현은 손가락을 세 번이나 자르며 독립을 향한 희망을 놓지 않았답니다. 혹독한 군사 훈련을 견디며 **여성독립군이 되어 일본 고위 간부를 암살하기 위한 작전도 펼쳤어요.** 결국 일본 경찰에게 발각되어 잔인한 고문 끝에 숨을 거두고 말았지요.

99 **김마리아** 일제 강점기 * 1892~1944

는 독립운동의 어머니로 불려요. 일본 유학생이던 김마리아는 2·8 독립선언서를 옷 속에 감추고 국내로 들어와 전국 곳곳에 만세 운동의 씨앗을 뿌렸어요. 감옥에 갇혀 수차례 모진 고문을 당하며 평생 고문 후유증에 시달렸지만, 죽는 순간까지 여성을 위한 교육 운동과 독립운동을 멈추지 않았답니다.

100 **유관순** 일제 강점기 * 1902~1920

은 3·1 운동의 상징적인 인물이에요. 유관순은 1919년 3월, 서울에서 만세 운동에 참여한 뒤 고향인 천안으로 내려가 만세 운동을 이어 나갔어요. 일본군에게 붙잡혀 모진 고문에 시달리면서도 당당하게 맞서며 감옥 안에서까지 만세를 불렀지요. 결국 차가운 감방에서 열아홉 어린 나이에 숨을 거두고 말았답니다.

101 홍범도 일제 강점기 * 1868~1943 는 독립군을 이끈 장군이에요. 사냥꾼이었던 홍범도는 나라가 위기에 처하자 의병으로 나섰어요. 숲속에 숨어 지나가는 일본군을 덮치는 작전을 펼쳐 적군을 벌벌 떨게 만들었지요. 1910년, 일본에 나라를 빼앗긴 뒤로는 대한 독립군의 사령관이 되어 봉오동 전투와 청산리 대첩을 승리로 이끌었답니다. 홍범도가 이끈 봉오동 전투는 당시 독립군 부대가 치른 전투 중에 가장 큰 승리였어요. 일본군을 골짜기로 끌어들여 공격해 무찔렀지요.

청산리 전투의 빛나는 승리 김좌진

102 **김좌진** 일제 강점기 * 1889~1930 은 의롭고 배려심이 많은 독립군 장군이었어요. 당시 만주의 독립군 부대들은 뿔뿔이 흩어져 있었어요. 이래서는 일본군을 이길 수 없다는 생각에, 김좌진은 독립군 부대들을 찾아다니며 함께 힘을 모으자고 제안했지요. 그 결과 여러 독립군이 모여 북로 군정서가 만들어졌답니다. **1920년 김좌진은 두만강 부근에 있는 청산리에서 수천 명의 독립군으로 수만 명의 일본군을 물리치는 큰 승리를 거두었어요.** 홍범도 장군 등 다른 독립군 부대도 힘을 합쳐 전투를 벌였지요. 무기도 제대로 갖추지 못한 독립군이 일본의 정식 군대를 상대로 승리를 거둔 것은 기적에 가까운 일이었답니다.

독립운동을 이끈 등불 김구와 안창호

103 김구 일제 강점기 * 1876~1949 는
우리나라 독립운동의 아버지로 불려요. 스무
살이 되기 전, **동학 농민 운동에 뛰어든 뒤로
김구는 평생 나라의 독립과 통일을 위해
일했어요.** 만주에서 독립운동을 하다
상하이에 임시 정부가 수립되자 임시 정부의
수장이 되었지요. 또 한인 애국단을 만들어
나라를 구하는 데 목숨을 바치고자 했던
윤봉길, 이봉창 같은 젊은이들을 이끌었어요.
광복군을 조직해 중국에 있는 일본군을
물리치는 공을 세우기도 했지요.
1945년 8월 15일, 꿈에 그리던 광복을
맞았지만 미국와 소련의 간섭으로 우리나라는
남과 북에 따로 정부를 세우게 되었어요.
김구는 통일 정부를 만들어야 한다고
주장했지만 **미국과 소련의 입김 앞에 우리는
너무 작고 초라한 나라였지요.** 자주, 민주,
통일, 독립! 조국의 꿈을 이루기 위해 평생을
몸 바쳤던 김구는 광복 후 얼마 되지 않아
군인 출신의 안두희가 쏜 총에 맞아 세상을
떠나고 말았어요.

104 **안창호** 일제 강점기 * 1878~1938 는 배우고 공부해서 실력을 길러야 나라를 되찾을 수 있다고 생각했어요. 말솜씨가 뛰어났던 안창호는 전국 곳곳을 다니며 독립심과 자주정신을 일깨우는 연설을 했답니다. 안창호는 여러 독립운동가들과 힘을 모아 신민회를 만들어 독립운동을 펼쳤어요. 학교를 세우고 책을 펴내며 젊은이들을 교육시키고, 우리 민족의 힘으로 회사를 세워 독립운동 자금을 마련했지요.
3·1 운동이 끝난 뒤에는 상하이 임시 정부를 중심으로 흩어져 있던 독립운동 세력들을 하나로 모으기 위해 노력했어요. 하지만 안창호는 1932년, 윤봉길의 의거에 엮여 일본 경찰에 붙잡히고 말았어요. 그리고 몇 년이 지나지 않아 감옥살이를 하면서 얻은 병이 깊어져 세상을 떠나고 말았답니다.

일본을 향해 고개 숙이지 않으리! 신채호

105 **신채호** 일제 강점기 * 1880~1936 는 독립운동가이자 역사학자예요. 일본을 향해 절대 고개를 숙이지 않겠다고 마음먹고, 세수할 때조차 고개를 숙이지 않았대요. 신채호는 민족의 미래는 역사를 잘 아는 것에서 시작된다고 믿었어요. 그래서 만주 벌판을 달렸던 고구려와 발해의 역사를 연구하며 우리 민족의 뿌리를 일깨웠답니다. **신채호가 알린 우리의 역사는 일본의 지배에 시달리는 사람들에게 큰 용기를 주었어요.** 감옥에 갇혀 병을 얻은 신채호는 마지막 순간, 차가운 감옥에서 이렇게 말했어요. "내가 죽거든 내 몸이 일본 놈들의 발에 채이지 않게, 먼바다에 뿌려 주오."

시일야방성대곡 장지연

106 **장지연** 일제 강점기 * 1864~1921 은 〈황성신문〉을 펴낸 언론인이에요. 강제로 을사조약이 맺어지자 장지연은 신문에 글을 실었어요. "대신들이 나라를 팔았다. 삼천리 강토와 500년 왕국을 남의 나라에 넘기고 우리 이천만 동포는 남의 노예가 되었구나! 아, 분하다! 원통하고 분통하도다!" **이 글의 제목은 '시일야방성대곡'이에요. 큰 소리로 목 놓아 슬피 운다는 뜻이지요.** 장지연은 이 글로 나라를 빼앗긴 억울함과 슬픔을 온 세상에 알렸어요. 일본의 횡포와 다섯 명의 친일파를 벌하고 나라를 되찾자고 호소했지요. 이 글은 큰 울림을 가져, 조선 사람들이 한마음으로 일어나 을사조약을 거부하고 일본에 맞서는 출발점이 되었어요.

⭐ ☐☐☐ 는 나쁜 관리를 벌주는 암행어사로 유명해요.

⭐ 제주도의 ☐☐☐ 은 장사를 해서 번 돈으로 어려운 사람을 도왔어요.

⭐ 녹두 장군 ☐☐☐ 은 동학 농민 운동을 이끌었어요.

⭐ ☐☐☐ 은 을사조약, 한일 병합 조약 등을 주도하며 일본이 우리나라를 지배하는 데 앞장섰어요.

⭐ ☐☐☐ 은 우리나라 침략의 원흉인 이토 히로부미를 사살한 독립 운동가예요.

⭐ 상하이 홍커우 공원에서 일본 관리들을 향해 폭탄을 던진 독립 투사는 ☐☐☐ 이에요.

⭐ 일본에서 2·8 독립 선언서를 숨겨와 조선에 알린 여성 독립운동가는 ☐☐☐☐ 예요.

⭐ ☐☐☐ 은 서울에서 3·1 운동에 참석한 뒤, 고향인 천안에서 만세 운동을 이어 나갔어요.

✦ 봉오동 전투에서 일본군을 물리친 장군은 ☐☐☐ 예요.

✿ 대한민국 임시 정부의 수장이자, 한인 애국단을 조직한 ☐☐ 는 독립운동의 아버지라고 불려요.

✦ ☐☐☐ 는 일제 강점기에 교육의 중요성을 널리 알렸어요.

✦ ☐☐☐ 는 세수할 때도 일본을 향해 고개를 숙이지 않았대요.

✿ 을사조약이 맺어진 뒤 ☐☐☐ 은 <황성신문>에 '시일야방성대곡'을 실었어요.

정답 : 박문수, 김만덕, 전봉준, 이완용, 안중근, 윤봉길, 김마리아, 유관순, 홍범도, 김구, 안창호, 신채호, 장지연

재능의 문

"지금 자면 꿈을 꿀 수 있지만, 지금 공부하면 꿈을 이룰 수 있다." **장영실**

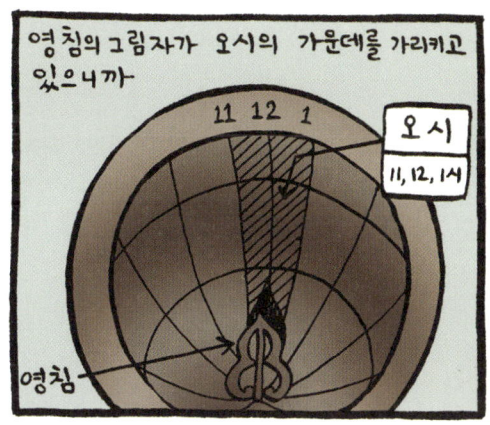

불국사와 석굴암을 지은 김대성

107 김대성 통일 신라 * 700~774 은 불국사와 석굴암을 지은 사람으로, 신비로운 이야기의 주인공이에요. 김대성은 원래 끼니를 걱정하며 가난하게 살았어요. 하루는 집을 찾아온 스님에게 가진 것 모두를 시주로 내놓았지요. 스님은 "부처님께 모두 드렸으니 열 배의 복을 얻을 것이오."라며 돌아갔어요. 얼마 뒤 김대성은 죽고 나라에서 큰 벼슬을 하던 재상 집에 아기가 태어났는데 **아기 주먹을 펴 보니 '대성' 이라는 이름이 새겨져 있었대요!** 가난했던 대성이 부처님의 자비로 부잣집 아이로 다시 태어난 거지요. 김대성은 전생의 부모를 기리는 마음으로 석굴암을 짓고, 현생의 부모에게 감사하며 불국사를 지었다고 해요.

이차돈 이야기

흰 피가 솟고 꽃비가 내리고

신라 사람들은 원래 하늘과 땅의 신, 조상신을 모시며 살았어요. 당시 나라를 다스렸던 법흥왕은 불교를 널리 퍼뜨리고 싶었지만, 힘센 신하들이 강력히 반대하는 탓에 뜻을 이룰 수 없었어요. 그때, 불교 신자인 이차돈이 왕에게 말했어요. "절을 짓는 사람은 누구든 목을 베겠다고 명하십시오. 다음 일은 제가 알아서 하겠습니다."

이차돈은 숲을 베고 절을 짓기 시작했어요. 법흥왕은 이차돈을 잡아들여 목을 치라고 명했지요. 그러자 이차돈은 사람들에게 외쳤어요.
"만일 부처님이 계신다면 내가 죽은 뒤, 신비한 일이 일어날 것이오!"
매서운 칼날이 이차돈의 목을 치자, 그의 목에서 하얀 피가 솟고 하늘에서는 꽃비가 내리기 시작했어요. 이 모습을 본 신라 사람들은 모두 무릎을 꿇고 불교를 받아들이게 되었답니다.

우리 문화를 일본에 전한 **왕인**과 **담징**

108 왕인 백제 * ?~? 은 백제의 뛰어난 학자였어요. 일본의 왕은 백제의 근초고왕에게 왕인을 보내 달라고 부탁했지요. 백제의 뛰어난 학문을 배우고 싶다는 거였어요. 근초고왕은 왕인에게 〈천자문〉과 〈논어〉를 가지고 일본으로 건너가라고 명했답니다. 왕인은 일본 왕자의 스승이 되어, 학문과 법률을 가르쳤어요. 왕인과 함께 갔던 도공과 화원 등 예술가들도 일본 문화를 발달시키는 데 도움을 주었지요.

109 담징 고구려 * 579~631 은 고구려의 승려이자 학자, 화가로 이름이 높았어요. **초대를 받아 일본에 가게 된 담징은 종이와 먹, 벼루 만드는 법을 알려 주었지요.** 그리고 세계에서 가장 오래된 목조 건물인 호류사에서 지내며 벽화를 그렸어요. '금당 벽화'로 알려진 이 그림은 1949년에 불타 버리고 말았어요. 현재 호류사에 있는 그림은 원래 그림을 흉내 내어 그린 거랍니다.

신라 불교의 기둥 원효와 의상

110 원효 신라 * 617~686 는 화랑이 되어 나라를 지키고 싶었어요. 하지만 전쟁터에서 사람들이 죽어 가는 것을 보고 절로 들어가 스님이 되었지요. 원효는 백성들이 불교를 쉽게 공부할 수 있도록 돕고 싶었어요. 그래서 '모든 사람이 부처가 될 수 있다.'고 가르치며, 어려운 경전 대신 '나무 아미타불' 같은 간단한 염불을 통해 부처님의 뜻을 전했답니다.

111 의상 신라 * 625~702 은 원효와 함께 신라의 불교를 융성시킨 스님이에요. 의상은 당나라에서 공부하면서 '우주에 있는 모든 것은 서로 조화를 이룬다.'는 이치를 배웠어요. 이를 바탕으로 화엄종을 널리 알리며 불교를 발전시켰지요. 또한 부석사와 낙산사 등 수많은 절을 짓고 제자를 기르는 데도 힘을 쏟았어요.

원효 이야기

해골 물이 준 깨달음

원효와 의상은 젊은 시절, 불교를 공부하기로 뜻을 모으고 당나라 유학길에 올랐어요. 깊은 산길을 걷고 있을 때, 후드득 굵은 빗방울이 쏟아졌어요. 둘은 동굴에서 하룻밤 묵어가기로 했지요.

깊은 밤, 원효는 목이 말라 잠에서 깨어났어요. 잠결에 주위를 더듬으니 동그란 바가지에 물이 담겨 있었지요. 원효는 벌컥벌컥 물을 들이켜고 다시 잠이 들었어요.

다음 날, 의상이 원효를 다급히 깨웠어요. "스님! 이것 좀 보세요." 의상이 가리킨 곳에는 해골이 뒹굴고 있었고, 해골마다 찰랑찰랑 썩은 물이 고여 있었어요.

원효는 그 순간 깨달았어요. **'진리는 내 마음속에 있고, 모든 것은 마음먹기에 달려 있구나.'** 깨달음을 얻은 원효는 그길로 신라로 돌아가 백성들에게 불교의 가르침을 알렸답니다.

천태종을 창시한 의천 조계종을 창시한 지눌

112 의천 고려 * 1055~1101 은 왕의 아들로 태어났지만 왕자의 자리를 버리고 승려가 되었어요. 당시 고려는 참선으로 깨달음을 얻는 선종과 경전을 공부하여 깨달음을 얻는 교종으로 나뉘어 다투는 일이 많았어요. 의천은 서로 싸우는 불교 세력을 한데 모아야 한다고 생각했어요. 그래서 **두 교파를 융합한 천태종을 만들어 불교 통합을 이루고자 했답니다.**

113 지눌 고려 * 1158~1210 은 부처의 뜻을 배우려면 마음을 닦아 깨달음을 얻어야 한다고 생각했어요. 그래서 **경전 공부보다는 참선을 강조하는 조계종을 일으켰지요.** 당시에는 스님의 권력이 커서, 제 욕심만 차리는 사치스러운 스님이 늘어나고 있었어요. 지눌은 타락한 승려들을 꾸짖고 불교를 바로 세우는 일에도 앞장섰답니다.

삼국유사 이야기

일연 스님이 전한 옛이야기들

우리가 알고 있는 '단군 신화'는 어떻게 전해진 걸까요? 바로 고려의 스님인 일연이 지은 〈삼국유사〉에 기록되어 있답니다. 일연은 기나긴 전쟁에 지친 고려 사람들에게 힘을 주기 위해 〈삼국유사〉를 지었어요. **단군으로부터 이어지는 우리나라의 뿌리 깊은 역사와 설화 속 인물들의 이야기를 통해 우리가 하늘의 부름을 받은 특별한 민족임을 일깨우고 싶었던 거지요.** 오늘날까지 전해지는 가장 오래된 역사책인 〈삼국사기〉와 〈삼국유사〉를 통해 우리는 삼국의 역사와 문화를 되짚을 수 있답니다.

붓통에 목화씨를 숨겨 온 문익점

114 문익점 고려 * 1329~1398 은 고려에 목화씨를 처음으로 들여온 사람이에요. 당시 우리나라 사람들은 한겨울에도 구멍이 숭숭 뚫린 삼베옷을 입고 추위에 떨어야 했어요. 원나라에 사신으로 간 문익점은 **목화솜으로 옷을 만들면 백성들이 따뜻하게 생활할 수 있을 거라고 생각했답니다. 그래서 목화씨를 얻어 붓통 속에 몰래 숨겨 들여왔어요.** 하지만 씨앗을 키워 실을 뽑고 옷감을 만드는 일은 쉽지 않았어요. 수차례의 실패 끝에 결국 문익점은 목화를 키우는 데 성공했고, 덕분에 백성들은 무명옷을 입게 되었답니다.

화약을 만들어 왜구를 격파한 최무선

115 **최무선** 고려 * 1325~1395 은 우리나라에서 처음 화약을 만든 사람이에요. 그는 호시탐탐 싸움을 거는 왜구를 이기려면 활이나 칼보다 강한 무기가 있어야 한다고 생각했어요. 그 무렵 중국에서는 화약이 개발되어 전투마다 큰 승리를 거두고 있었어요. 하지만 중국은 최무선에게 그 비법을 절대 가르쳐 주지 않았답니다. 최무선은 연구를 이어 나갔지만 실패를 거듭했어요. 불꽃이 잘 붙지도 않고, 꺼져 버리기 일쑤였지요. 그러다 우연히 만난 중국인을 끈질기게 설득해 결국 화약 제조법을 배웠답니다. **무려 20년 동안 노력한 끝에 거둔 성공이었지요.**

조선 최고의 발명왕 장영실

116 장영실 조선*?~? 은 노비로 태어나 조선 최고의 발명가가 된 인물이에요. 어려서부터 손재주가 뛰어났지만, 노비라는 신분 때문에 벼슬에 오르지 못했어요. 그러다 세종 대왕의 눈에 띄어 궁궐로 들어와 기술자로 일했지요. 세종 대왕은 장영실을 중국 유학까지 보내며 기술을 익히게 했고, 장영실은 세종의 은혜에 보답하기 위해 더욱 열심히 연구에 매달렸어요. 장영실의 발명품은 모두 백성들의 생활을 편리하게 하는 것이었어요. 혼천의로 하늘을 관찰하여 달력을 만들고, 측우기로 비의 양의 잴 수 있게 되니 농사에 큰 도움이 되었지요.

동의보감을 지은 최고의 의원 허준

117 **허준** 조선 * 1539~1615 은 조선 최고의 의원으로 꼽혀요. 의원을 뽑는 시험에 합격한 허준은 궁궐에서 일하며 천연두에 걸린 세자를 낫게 했어요. 이 일을 계기로 실력을 인정받아 왕을 돌보는 어의의 자리에 올랐답니다. 임진왜란 시기에는 힘든 상황에서 왕을 극진히 돌보며 높은 벼슬까지 받았지요. 허준은 의원으로 활동하면서 여러 편의 의학서를 지었어요. 그중에서 **가장 유명한 책은 바로 한의학의 백과사전으로 불리는 〈동의보감〉이랍니다.** 우리나라에서 쉽게 구할 수 있는 약재를 연구한 책으로 백성들의 삶에 큰 도움이 되었지요.

대동여지도를 만든 김정호

118 김정호 조선 * ?~1866 는 어려서부터 땅의 모양에 관심이 많았어요. 당시 우리나라에는 여러 종류의 지도가 있었지만, 김정호는 자신이 직접 걸어 다니며 틀린 곳을 찾아 고치고 또 고쳤어요. 그렇게 **30년 가까이 전국 방방곡곡을 돌아다니며 만든 지도가 바로 '대동여지도'랍니다.** 목판에 새겨 만든 이 지도는 모두 이으면 3층 건물 높이만큼 커요. 하지만 지역에 따라 여러 쪽으로 쪼개져 있어, 접으면 한 권의 책이 되지요. 직접 걸어 다니며 만든 지도가 오늘날 인공위성으로 본 우리나라와 거의 비슷하다는 것은 정말 놀라운 일이에요.

우리나라 최초의 신부님 김대건

119 **김대건** 조선 * 1821~1846 은 우리나라 최초의 천주교 신부님이에요. 당시 조선은 유교를 따르는 나라였어요. 서양 종교인 천주교는 많은 비난을 받았고, 천주교 신자들은 죽음까지 감수해야 했지요. **김대건의 할아버지와 아버지도 천주교를 믿는다는 이유로 목숨을 잃었답니다.** 어린 김대건의 믿음은 그럴수록 더욱 단단해졌어요. 그리고 열심히 노력한 끝에 마침내 우리나라 최초의 신부님이 되었지요. 김대건은 죽음을 앞두고 기도했어요.
"오늘 나의 죽음으로 이 땅에 천주교가 자리 잡게 하소서."

나의 독립은 어린이다 방정환

120 방정환 일제 강점기 * 1899~1931 은 어린이날을 처음 만든 사람이에요. 일본의 지배에 허덕이던 어른들은 아이들을 따뜻하게 안아 줄 여유가 없었어요. 힘없는 아이들은 천대받기 일쑤였고, '이놈', '어린것' 이라며 함부로 불렸지요. 어린이를 위한 책을 쓰던 방정환은 나라가 바로 서려면 어린이가 올바르게 자라야 한다고 생각했어요. 그래서 '어린이'라는 말을 처음 만들어 쓰며, 어린이를 존중하는 나라를 만들자고 주장했지요. "나의 독립운동은 어린이다."라는 말을 남겼답니다.

우리나라 최초의 금메달리스트 손기정

121 손기정 일제 강점기 * 1912~2002 은 우리나라 사람으로는 처음으로 올림픽에 나가 마라톤 금메달을 땄어요. 하지만 손기정은 기쁘지 않았어요. **가슴에는 일장기가 붙어 있었고, 경기장에는 일본 국가가 울려 퍼졌기 때문이에요.** 손기정은 가난한 집에서 태어나 어려서부터 돈을 벌어야 했어요. 20리가 넘는 길을 달려서 회사에 다녔지요. 운동을 좋아했지만 할 수 있는 것은 달리기뿐이었어요. 그러다 마라톤 대회에서 우승을 하고, 결국 올림픽까지 출전하게 되었던 거예요. 메달을 받는 순간, 손기정은 화분으로 옷에 새겨진 일장기를 가렸답니다.

종두법으로 마마를 물리친 지석영

122 지석영 일제 강점기 * 1855~1935 은 종두법을 도입한 의사예요. 종두법은 흔히 마마라고 불리는 천연두를 예방하는 접종이랍니다. **옛날에는 천연두로 많은 아이들이 목숨을 잃었어요. 앓고 난 뒤에는 흉터가 남아 평생 지워지지 않았지요.** 지석영은 천연두를 막을 방법을 연구하다가 일본인 의사에게 종두법을 배웠어요. 그 뒤로 종두법을 널리 퍼뜨리기 위해 온갖 노력을 기울였지요. 그 결과 나라에서 관청을 만들어 예방 접종을 하게 되었고, 덕분에 천연두 환자는 눈에 띄게 줄어들었답니다.

한글 맞춤법 통일 주시경

123 **주시경** 일제 강점기 * 1876~1914 은 우리나라의 대표적인 한글학자예요. 당시 '언문', '조선문'이라고 불리던 우리말과 우리글에 '한글'이라는 이름을 붙인 것도 주시경이라는 주장이 있지요. 주시경은 한글을 연구하는 것이 나라의 독립을 앞당기는 데 꼭 필요하다고 여겼어요. 그래서 **커다란 책 보퉁이를 옆에 끼고 다니며 밤낮없이 한글을 연구하고 학생들을 가르쳤어요.** 그래서 '주보퉁이'라는 별명을 얻었답니다. 그의 제자들은 스승의 뜻을 이어 '조선어 연구회'를 세웠지요.

 역사 인물 퀴즈

퀴즈를 다 풀어야만 다음 관문으로 갈 수 있는 **황금 열쇠**를 획득할 수 있소!

- 불국사와 석굴암을 지은 사람은 신라의 ☐☐☐ 이에요.
- ☐☐☐ 의 순교로 신라는 불교를 받아들이게 되었어요.
- 고구려의 승려 ☐☐ 은 일본 호류사에 금당 벽화를 남겼어요.
- 해골 물을 마시고 깨달음을 얻은 승려는 신라의 ☐☐ 예요.
- 삼국유사를 지은 고려의 스님은 ☐☐ 이에요.
- ☐☐☐ 은 중국에서 목화씨를 얻어 붓통에 숨겨 왔어요.
- 화약을 만들어 왜구를 격파한 장군은 ☐☐☐ 이에요.
- ☐☐☐ 은 조선의 발명가로 측우기 등을 만들었어요.
- 동의보감을 지은 조선의 의원은 ☐☐ 이에요.
- ☐☐☐ 은 직접 걸어 다니며 대동여지도를 만들었어요.
- 우리나라 최초의 천주교 신부는 ☐☐☐ 이에요.
- 어린이날을 만든 사람은 ☐☐☐ 이에요.

✭ □□□ 은 우리나라 최초로 올림픽에서 금메달을 땄어요.

✭ 처음으로 종두법을 도입한 의사는 □□□ 이에요.

✭ □□□ 은 한글 연구가 독립을 앞당기는 길이라 여겼어요.

정답 : 김대성, 이차돈, 담징, 원효, 일연, 문익점, 최무선, 장영실, 허준, 김정호, 김대건, 방정환, 손기정, 지석영, 주시경

황금 열쇠 찾기 성공! 축하 축하~

우리 역사를 이끌어 온 인물들이
이렇게나 많았다니… 왠지 뿌듯한걸!
너희는 어떤 인물이 가장 맘에 들었니?
나는… 헤헤, 잘 모르겠어. 멋진 분들이 너무 많은걸.
앞으로는 한 분 한 분 좀 더 자세히 알아봐야겠어.
삼촌, 단군 할아버지부터 시즌2 부탁해요!

어린이
지식클립 2

한국을 빛낸 역사 인물 123

초판 1쇄 발행 2019년 10월 7일
초판 6쇄 발행 2025년 2월 7일

글	류혜인
그림	이경석
편집	전현정 | **디자인** 상상이꽃처럼
제작	박천복 김태근 고형서
펴낸이	김경택
펴낸곳	(주)그레이트북스
등록	2003년 9월 19일 제313-2003-000311호
주소	서울시 구로구 디지털로31길 20 에이스테크노타워5차 12층
대표번호	(02) 6711-8673
홈페이지	www.greatbooks.co.kr

ISBN   978-89-271-9559-7 74700
          978-89-271-9246-6(세트)

※이 책은 저작권법에 따라 보호받는 저작물이므로 무단전재와 무단복제를 금합니다.

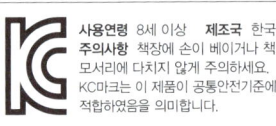

사용연령 8세 이상 **제조국** 한국
주의사항 책장에 손이 베이거나 책
모서리에 다치지 않게 주의하세요.
KC마크는 이 제품이 공통안전기준에
적합하였음을 의미합니다.